एकांकी संकलन

एकांकी संकलन

स्वामी रामानन्द तीर्थ मराठवाडा विश्वविद्यालय, नांदेड

बी.ए. प्रथम वर्ष ऐच्छिक हिन्दी-2

विद्यार्थियों के लिए हिन्दी की पाठ्य-पुस्तक

मुख्य सम्पादक

डॉ. अजय टेंगसे

अधिष्ठाता, कला संकाय

सम्पादक

डॉ. अल्लाबक्श जमादार

डॉ. वसंत पुं. गाडे

डॉ. व्यंकट पाटील

वाणी प्रकाशन

वाणी प्रकाशन

4695, 21-ए, दरियागंज, नयी दिल्ली 110 002

शाखा

अशोक राजपथ, पटना 800 004

फ़ोन: +91 11 23273167 फ़ैक्स: +91 11 23275710

www.vaniprakashan.in

vaniprakashan@gmail.com

EKANKI SANKLAN

Chief Editor : Dr. Ajay Tengase

Editor : Dr. Allabaksh Jamadar, Dr. Vasant P. Gaade, Dr. Vyankat Patil

ISBN : 978-93-5072-553-5

One Act Play

प्रथम संस्करण 2013

मूल्य : ₹60

शुभम ऑफ़सेट, दिल्ली-110 032 में मुद्रित

वाणी प्रकाशन का लोगो मक़बूल फ़िदा हुसेन की कूची से

सन्देश

स्वामी रामानन्द तीर्थ मराठवाडा विश्वविद्यालय, नांदेड के स्नातक स्तर के बी.ए. प्रथम वर्ष (ऐच्छिक हिन्दी) 'एकांकी संकलन' की पाठ्यपुस्तक के अध्ययन से छात्र लाभान्वित होंगे, ऐसा मेरा विश्वास है। यह पाठ्यक्रम सुबोध एवं ज्ञानवर्द्धक बनाया गया है।

हिन्दी अध्ययन मण्डल के अध्यक्ष एवं सभी सदस्यों ने अपने परिश्रम से इसे मौलिक बनाया है। मैं अध्ययन मण्डल के अध्यक्ष डॉ. अल्लाबक्श जमादार एवं सभी मण्डल सदस्यों को बधाई देता हूँ और पाठ्यक्रम को हार्दिक शुभकामनाएँ!

मुख्य सम्पादक
डॉ. अजय टेंगसे
अधिष्ठाता, कला संकाय
स्वा.रा.ती.म.वि.नांदेड

भूमिका

स्वामी रामानन्द तीर्थ मराठवाडा विश्वविद्यालय के बी.ए. प्रथम वर्ष ऐच्छिक हिन्दी छात्रों को हिन्दी साहित्य की विविध विधाओं में से एकांकी विधा से परिचित कराने की दृष्टि से 'एकांकी संकलन' यह पुस्तक उनके हाथों में सौंपते हुए अत्यधिक हर्ष होता है।

'एकांकी संकलन' इस पुस्तक में आठ एकांकियों का संकलन है। एकांकी शब्द का अर्थ एक अंकवाला दृश्य काव्य का यह विशेष भेद जिसमें केवल एक अंक होता है। आधुनिक हिन्दी साहित्य में एकांकी शब्द का प्रचलन अंग्रेजी के 'वन ऐक्ट प्ले' के अर्थ में हुआ है।

हिन्दी साहित्य हमेशा ही समाज के वास्तविक जीवन का चित्रण प्रस्तुत करता आया है। साहित्य की सभी विधाओं में समाज का वास्तविक चित्रण दिखाई देता है। साहित्य की अन्य विधाओं की अपेक्षा एकांकी सर्वाधिक रमणीय और समाजोन्मुख विधा है। इसमें जितनी सामाजिक निकटता है, उतनी ही जीवन्तता भी। दृश्यात्मकता एकांकी की रीढ़ है। एकांकी मानव जीवन के विभिन्न पहलुओं को उजागर करता है।

प्रस्तुत संकलन में लिये गये इन एकांकियों को पढ़कर छात्र वर्तमान समय की समसामयिक सभी परिस्थितियों से परिचित हों यह हमारा उद्देश्य है। प्रस्तुत एकांकी संकलन में जिन-जिन एकांकियों को समाविष्ट किया गया है उन रचनाकारों के प्रति मैं आभार प्रकट करता हूँ।

इस संकलन के निर्माण में अध्ययन मण्डल के सभी सदस्यों ने अपना अनमोल योगदान दिया है। सभी के सहयोग के कारण ही यह संकलन उचित रूप में प्रस्तुत हो सका है।

सधन्यवाद!

सम्पादक

डॉ. अल्लाबक्श जमादार

डॉ. वसन्त पुं. गाडे

डॉ. व्यंकट पाटील

अनुक्रम

1. परिचय	—	*लक्ष्मीनारायण लाल*	11
2. कँवारी धरती	—	*मोहन राकेश*	23
3. जान से प्यारे	—	*ममता कालिया*	42
4. समरथ को नहिं दोष गुसाईं	—	*सफदर हाशमी*	53
5. गुनाहों की सजा	—	*कर्मशील भारती*	76
6. समर्पित जीवन	—	*सुशीला टाकभौरे*	86
7. दहाड़ उठा था सिंह	—	*अनीता भारती*	101
8. वारिस	—	*अशोक कुमार*	110

लक्ष्मीनारायण लाल

हिन्दी नाटक और रंगमंच को नयी दिशा और पहचान प्रदान करनेवाले आधुनिक समर्थ नाटककार के रूप में लक्ष्मीनारायण लाल जी का स्थान अत्यन्त महत्त्वपूर्ण है। लक्ष्मीनारायण लाल का जन्म 4 मार्च, सन् 1927 को ग्राम जलालपुर, जिला बस्ती, उत्तर प्रदेश में एक साधारण कायस्थ परिवार में हुआ। पिता का नाम श्री शिवसेवक लाल था, वे गाँव के पटवारी थे। माता का नाम मूँगादेवी था, वह धार्मिक वृत्ति की थीं। लाल अपने पिता की दूसरी सन्तान थे। इनके बड़े भाई का नाम बलदेव, छोटे भाई का कमला लाल तथा सावित्री और श्यामा दो बहनें थीं। परिवार की आर्थिक स्थिति साधारण थी। इन्होंने प्राथमिक शिक्षा गाँव में ही पूर्ण की। आगे पिंपरागौतम के मिडिल स्कूल एंग्लो संस्कृत हाईस्कूल, बस्ती में दाखिला लिया। 16 वर्ष की आयु में इनका विवाह फैजाबाद जिले के टाँडा तहसील की 14 वर्षीय सुश्री आरती से हो गया। विवाह हो जाने के उपरान्त इस उत्तरदायित्व एवं कर्तव्य का निर्वाह लाल ने बखूबी किया। जुलाई, सन् 1946 में इंटर की परीक्षा उत्तीर्ण करने के पश्चात लाल की हार्दिक इच्छा हुई कि बी.ए. इलाहाबाद विश्वविद्यालय से किया जाए, किन्तु घर की आर्थिक स्थिति मार्ग में बाधा थी। लाल ने इन बाधाओं पर क्रमशः विजय पायी। अभावों और विषमताओं से संघर्ष करते हुए सन् 1950 में इन्होंने हिन्दी विषय में एम.ए. कर लिया और सन् 1952 में इलाहाबाद विश्वविद्यालय से पीएच.डी. की उपाधि प्राप्त की। सन् 1953 में लाल ने एस.एम. कॉलेज, चंदौसी में एक वर्ष अध्यापन कार्य किया। फिर सन् 1955 में टी.एम.पी. कॉलेज इलाहाबाद में हिन्दी विभागाध्यक्ष पद का भार सँभाला। सन् 1956 में इनकी नियुक्ति आकाशवाणी के 'ड्रामा प्रोड्यूसर' के पद पर हो गयी। सन् 1958 में इन्होंने 'नाटक केन्द्र' की स्थापना की। सन् 1965 में रोमानिया की बुखारेस्ट नगरी में आयोजित अन्तरराष्ट्रीय नाट्य संगोष्ठी में इन्होंने भारत की ओर से एकमात्र प्रतिनिधि के रूप में भाग लिया। इस यात्रा के दौरान इन्होंने विश्व के प्रमुख थियेटरों—ग्रीक, इटली और ब्रिटेन का निकट से निरीक्षण किया।

सन् 1965 में डॉ. लाल की नियुक्ति दिल्ली विश्वविद्यालय के हिन्दी विभाग में नाट्य प्रवक्ता के पद पर हो गयी। सन् 1965 में विदेश यात्रा के उपरान्त सन्

1987 तक डॉ. लाल निरन्तर साहित्य-साधना में रत रहे।

ऐसे महान रचनाकार की मृत्यु 20 नवम्बर, 1987 को दिल्ली में हुई।

रचनाएँ: नाटक–'अन्धा कुआँ' (1955), 'मादा कैक्टस', 'हलका-फुलका प्रहसन' (1959), 'सुन्दर रस', 'सूखा सरोवर', 'तोता मैना', 'रक्त कमल', 'तीन आँखों वाली मछली' (1960), 'रातरानी' (1966), 'दर्पण' (1966), 'सूर्यमुख' (1968), 'कलंकी', 'मिस्टर अभिमन्यु' (1971), 'कर्फ्यू' (1972), 'अब्दुल्ला दीवाना' (1973), 'लीला नाट्‌य', 'व्यक्तिगत' (1975), 'सत्य हरिश्चन्द्र' (1976), 'यक्ष प्रश्न' (1976), 'नरसिंह कथा' (1975), 'पंच पुरुष' (1978), 'कथा विसर्जन' (1987), 'राम की लड़ाई', 'चन्द्रमा' आदि।

एकांकी संग्रह–'ताजमहल के आँसू' (1945), 'पर्वत के पीछे' (1952), 'नाटक बहुरंगी' (1964), 'नाटक बहुरूपी' (1964), 'दूसरा दरवाजा', 'खेल नहीं नाटक' (1978), 'नया तमाशा' (1982) आदि।

उपन्यास–धरती की आँखें, काले फूल का पौधा, बया का घोंसला और साँप, रूपाजीवा, बड़ी चम्पा छोटी चम्पा, मन वृन्दावन, प्रेम अपवित्र नदी, हरा समन्दर गोपी चन्दर, शृंगार, बसन्त ऋतु की प्रतीक्षा, पुरुषोत्तम आदि।

कहानी संग्रह–नये स्वर नयी रेखाएँ, सूना आँगन रस बरसे, एक और कहानी, एक बूँद जल, डाकू आये थे, मेरी प्रतिनिधि कहानियाँ।

परिचय

लक्ष्मीनारायण लाल के 'खेल नहीं नाटक' एकांकी संग्रह से लिया गया 'परिचय' एकांकी में दिशाहीन होते नवयुवकों को केन्द्र में रखकर उन्हें सचेत करने का प्रयास किया गया है। वस्तुतः इन्हें वह पथदर्शक नहीं मिला जो इन्हें सही राहों पर ले जा सके। जिसके अभाव में आज का युवक दिशाहीन और पथभ्रष्ट होता हुआ दिखाई देता है। जिस राजनीति और प्रशासन को उन्हें सही दिशा की ओर अग्रसर करना था उसी ने इन्हें भटकाया है। प्रस्तुत एकांकी में वर्तमान समय की राजनीति और प्रशासन की पोल खोलने में रचनाकार सफल हुआ है।

परिचय

•

लक्ष्मीनारायण लाल

पात्र

अनिल	व्यक्ति
जोशी	बाबा

[रात का समय। मंच पर प्रकाश आते ही पृष्ठभूमि से तमाम आवाजें आने लगती हैं। कुछ शब्द स्पष्ट हैं– 'पागल है पागल!' आवारे! दुश्चरित्र! 'सनकी!' 'दिन-रात आवारा घूमते हैं! सारे मुहल्ले को गन्दा करना चाहते हैं!' 'दिमाग फिर गया है!' 'चले जाओ यहाँ से! तुम लोगों का यहाँ इस तरह रहना हम बर्दाश्त नहीं कर सकते! यह शरीफों, इज्जतदारों का मुहल्ला है।' इसी शोर के भीतर से अनिल का प्रवेश, जैसे उन आवाजों ने उसे धक्का देकर मंच पर खदेड़ दिया है।]

अनिल : सुनिये, सुनिये! क्यों करते हैं ऐसा आप लोग? मुझ पर आखिर इतना गुस्सा करने से क्या फायदा! आप लोग मुझे कह रहे हैं, ऐसा क्यों? मेरे कपड़े गन्दे हैं! मैं दाढ़ी नहीं बना पाया! पर आप लोग मुझे इस तरह गालियाँ क्यों बकते हैं? हमने आपका क्या बिगाड़ा है? यह सही है, हमें आपका डर नहीं है! हमारे पास ऐसा कुछ नहीं है! हमें आप लोग कतई पसन्द नहीं हैं! हम झूठ नहीं बोलते! हाँ-हाँ, आप लोग झूठे हैं। बुझदिल हैं। हा-हाँ, हम बीमार हैं! क्योंकि हम आप सबके बीच जिन्दा रहना चाहते हैं! आप लोगों को हम अपना परिचय क्यों दे? कौन हैं आप लोग? हाँ-हाँ, जोशी मेरा दोस्त है! वह कहाँ का है? क्या करता है? कहाँ गया, मैं क्यों पूछूँ उससे? वह मेरा यार है, काफी है इतना। मैं खुद आप सबको

अपना परिचय दूँ? अपने दोस्त के बारे में बेहूदे प्रश्न पूछूँ? वह गुजराती है, मैं बंगाली हूँ! आप ब्राह्मण हैं, मैं क्षत्री हूँ, वह शूद्र है–ये कैसी जंगली बातें हैं! (*विराम*) देखिये, आप लोग चले जाइये! सच, मेरी तबियत ठीक नहीं है! मुझे नींद नहीं आती! (*अदृश्य जोशी से*) जोशी! ओ जोशी! यार, इन लोगों को चुप करा। धक्का देकर यहाँ से भगा दे! बता न, क्या है हमारा परिचय? हम लोग कहाँ से आये? यहाँ क्यों हैं? क्या बात है? जा बता आ। जोशी यार, एक सिगरेट देना। क्या? (*बोलते-बोलते थककर फर्श पर लेट जाता है*) छोड़ो भी, कहने दो डाक्टरों को! इस तरह जिन्दा रहकर क्या कर लेंगे! वाह! वाह! बड़ी उम्दा सिगरेट है! क्या मिलाते हो इसमें? क्या? क्या–आ–आ?

[सो जाता है। थोड़ी देर बाद फिर वही शोर। वही आवाजें। फिर इस बार शब्द और तेज हैं–'कल के लौंडे अपने माँ-बाप के नाम पर कलंक हैं! न कोई तहजीब, न सभ्यता! अपनी तरह सारे मुहल्ले के लड़कों को बरबाद करना चाहते हैं। चले जाओ यहाँ से! यह आवारागर्दी यहाँ नहीं चलेगी! यह शरीफों का मुहल्ला है, सराय नहीं!' इसी बीच जैसे इस बार जोशी उनसे लड़ता हुआ मंच पर आता है।]

जोशी : भाग जाओ, वरना एक-एक की गर्दन तोड़कर रख दूँगा! चुप होते हो या नहीं? हाँ-हाँ, सुन लिया! अब घर जाओ! खाना खाकर फिर आना! तुम लोग बुजदिल हो, हरामखोर हो! हाँ-हाँ, हमारा चरित्र अच्छा नहीं है! अपने चरित्र पर महानता का मक्खन लगाकर खुद चाटो! हमारा तुम लोग कुछ नहीं बिगाड़ सकते!

[आवाज आती है–'बाहर आओ अगर हिम्मत है!']

जोशी : (*दर्शकों से*) लो, आ गया बाहर! सोचा था–बाहर से थोड़ा भीतर आकर आराम कर लूँ, पर तुम लोग! अब घूरते क्या हो? जाओ–जाओ–जो करना हो कर लो! कायर! हमें पागल कहते हो? काश हम पूरी तरह पागल हो जाते ताकि हम तुम्हें बता पाते–तुम लोगों ने मिलकर हमारे साथ क्या किया है! हमें क्या पढ़ाया है? हमें क्या दिया है? हमारे चेहरों में सूराख करके तुम लोगों ने उसमें क्या-क्या भरना चाहा है! इतने वर्षों में तुममें से हर एक ने अलग-अलग अपनी चिन्ता की है! अपने से हर दूसरा तुम्हारा दुश्मन हुआ है! काश हम हिसाब दे पाते, तुम सबने दफ्तरों, कॉलेजों, सभाओं और घरों में क्या-क्या किया है–पर अफसोस, हमारा हिसाब-किताब शुरू से ही कमजोर रहा है! सुनो–अब जाते कहाँ हो? मैं अपने बहुत बड़े बाप का एकलौता लड़का था। उन्नीस सौ पचास के बाद

मेरे पिताजी कैसे एकाएक उतने बड़े आदमी हो गये—सुनो, सुनो बताता हूँ—अब भागते क्यों हो? सुनते क्यों नहीं?

[वही शोर उभरता है। इस बार उस पर मिट्टी, कंकड़, पत्थर, कागज के हथगोले, केले, टमाटर और संतरे के छिलके फेंके जाते हैं।]

जोशी : खबरदार, जो मेरे दोस्त को जरा भी चोट लगी! रुक जाओ, बुझदिलो—!

अनिल : (*उठकर जोशी को पकड़ता है*) जाने दो! छोड़ो! चले गये! दरअसल उनका ऐसा कोई विचार भी नहीं था। थोड़ा मनोरंजन हो गया। वे विरोध भी कर सकते हैं, शायद यही साबित करने के लिए। (*हँस पड़ता है*) यार, सबको कुछ साबित करते रहना पड़ा।

जोशी : सारा कुछ कितना गन्दा कर दिया! हमारे पास कुछ झाड़ने को भी तो नहीं है!

अनिल : वो अपनी वह मीनाक्षी है न, यद्यपि एक खूबसूरत लड़की है, फिर भी वह हर वक्त अपने-आपको साबित नहीं करती रहती (*अभिनय*) ऐसे चलती है! ऐसे बैठती है! गर्दन देखो उसकी—उसके हाथ देखो जब वह बातें करती है। (*जोशी अपने ऊपर के कपड़े उतार उसी से झाड़ू देने चलता है*)।

अनिल : (*रोकता है*) सुनो! अपने पिताजी को क्या कहते थे?

जोशी : डैडी!

अनिल : वहा कहाँ रहते हैं?

जोशी : अहमदाबाद!

अनिल : मैं पिताजी को बाबा कहता था। वह इस समय धनबाद रहते हैं।

जोशी : तुमने कुछ खाया है?

अनिल : तुमने?

जोशी : मैंने पहले तुमसे पूछा है!

अनिल : नहीं।

जोशी : मैं भी दिन-भर वही कॉफी और सिगरेट पीता रहा हूँ!

अनिल : तुम पीते हो, मैं खाता हूँ! मैं बंगाली, तुम गुजराती।

[दोनों हँसना शुरू करते हैं।]

जोशी : तू आवारा!

अनिल : तू चरित्रहीन!

जोशी : यार, यह चरित्र क्या चीज होती है?

अनिल : नाटक में जो चरित्र होता है बे।

जोशी : तुझे कुछ पता नहीं! चरित्र का अंग्रेजी अनुवाद करो! हाँ, कैरेक्टर!

[दोनों पागलों जैसे हँसते हैं।]

जोशी : तुम हर चीज को खाते हो, मैं हर चीज को पीता हूँ! तुम बंगाली, मैं गुजराती! बेटा, इसे ही चरित्र कहते हैं! (*हँसता है।*)

अनिल : शाला, तुम बांगाली को गाली देता है। हम तोमार माथा भेंग देगा। आमार शोनार बांग्ला!

जोशी : आपणा गुजरात।

अनिल : मतलब हम दोनों भूखे हैं।

जोशी : कल की वह सूखी पावरोटी कहाँ है?

अनिल : लगता है, पावरोटी कोई बिल्ली खा गयी।

जोशी : वही बिल्ली आयी होगी; मीनाक्षी कपूर! यह बताओ, तुम मरोगे कब?

अनिल : जब तुम मरोगे!

[विराम]

जोशी : तो इस समय, यहाँ खाने को कुछ नहीं है!

अनिल : और हमें बेतरह भूख लगी है।

जोशी : एक सिगरेट भी नहीं है।

अनिल : एक बूँद पानी भी नहीं।

जोशी : ऐसी हालत में चे ग्वेवारा ने क्या कहा है?

अनिल : बन्द करो यह वेहूदा मजाक!

जोशी : आखिर कुछ तो सोचना ही पड़ेगा। सुनो इस बारे में माओ के क्या विचार हैं?

अनिल : बत्तमीज! फिर फोड़ दूँगा—ग्रेट माओ के नाम को अगर यहाँ इस तरह घसीटा।

जोशी : अच्छा यह काम करो। बैठ जाओ। (*दोनों पीठ सटाकर बैठ जाते है*) तब तक आज हम यह तै कर लें कि हमारी जात क्या है? हमारा पता और परिचय क्या है, ताकि हम उन्हें साफ-साफ बता सकें।

अनिल : जो हम हैं वह काफी नहीं है?

जोशी : मगर हम उन्हें किस भाषा में परिचय देंगे, पहले यह तै कर लें।

अनिल : अंग्रेजों की क्या जात थी? वे कहाँ के रहनेवाले थे?

जोशी : कौन अंग्रेज? जो चले गये, या जो यहाँ पैदा हो गये?

अनिल : यह क्या बत्तमीजी है?

जोशी : तुम सचमुच पागल तो नहीं हो गये?

अनिल : (*सहसा उठ खड़ा होता है*) ठीक यही सवाल मेरे पिता जी ने पूछा था, जब मैं कॉलेज की पढ़ाई छोड़कर उन लोगों के संग—(*जोशी कमरे में दौड़ना शुरू करता है*)।

जोशी : (*सहसा*) यह देखो।

अनिल : क्या?

जोशी : खाना। डिनर। केला–संतरा–टमाटर। प्रोटीन। आयरन। (*फर्श पर बिखरे केले के छिलके को दोनों निहारने लगते हैं।*)

अनिल : वे लोग कितने मेहरबान थे, हमारे लिए इतना अच्छा भोजन?

जोशी : दरअसल वे लोग यह नहीं चाहते कि हम यहाँ इसी तरह मर जाएँ?

अनिल : हाँ, उन्हें भविष्य की चिन्ता है।

जोशी : अगर हम यहाँ मर गये तो हमारी लाशें यहाँ से कौन ले जाएगा?

अनिल : अच्छा पहले हम डिनर ले लें। फिर कॉफी पिएँगे।

जोशी : मैं डिनर टेबल लाता हूँ।

अनिल : मैं प्लेटें साफ कर के सजाता हूँ।

[जैसे दोनों अपने-अपने कामों पर लग जाते हैं।]

जोशी : डिनर के साथ संगीत होना चाहिए? (*जैसे संगीत बजने लगता है*) चम्मच कहाँ है? काँटे-छुरी?

अनिल : ये हैं मेरे हाथ।

[दोनों पूरे उपचार के साथ डिनर लेते हैं। कॉफी पीते हैं। लम्बी-लम्बी डकारें लेते हैं। बड़ी शालीनता के साथ हँसते हैं।]

जोशी : अच्छा, गुड नाइट।

अनिल : गुड बाई।

[दोनों फर्श पर सोने लगते हैं।]

जोशी : कल मुझे एक इंटरव्यू देने जाना है।

अनिल : क्या? तुम नौकरी करोगे?

[उठ बैठते हैं।]

जोशी : मिल जाए तो बुरा क्या है। आखिर कब तक? कुछ तो होना ही चाहिए।

अनिल : फिर कॉलेज से क्यों भागे थे?

जोशी : भागे थे।

अनिल : नौकरी कर लेना–यह तुम्हारा फैसला है?

जोशी : क्या तुम फैसला ले सकते हो?

अनिल : वह क्या हमारा फैसला था?

जोशी : फिर वह कौन है; क्या है, जो फैसला लेता है?

अनिल : हमारे लिए कोई दूसरा आदमी।

जोशी : वह आदमी कहाँ रहता है?

अनिल : वह आदमी हमारे भीतर है।

जोशी : तुम्हारा बाप!

अनिल : तुम्हारी नौकरी!

[दोनों लड़ पड़ते हैं।]

जोशी : तुम्हारा बाप!

अनिल : तुम्हारी नौकरी!

जोशी : बाप!

अनिल : नौकरी!

जोशी : बत्तमीज!

अनिल : स्साले!

जोशी : बोल, गाली क्यों दी?

अनिल : यार इतने शानदार डिनर के बाद अब शब्दों का संघर्ष चीं बोल जाये, तो और क्या किया जा सकता है? चे ग्वेवारा ने क्या कहा था?

जोशी : बत्तमीज?

अनिल : मुझे भी अपने फादर से मिलना है।

[अनिल फर्श पर सो जाता है। जोशी भी लेटने लगता है। प्रकाश बुझता है। जैसे ही प्रकाश लौटता है–एक व्यक्ति मेज के पीछे कुर्सी पर बैठा है। घंटी बजाता है। जोशी आता है।]

व्यक्ति : नाम।

जोशी : पी.आर. जोशी।

व्यक्ति : फादर?

जोशी : (*चुप*)।

व्यक्ति : आप कॉलेज की पढ़ाई छोड़कर उन नक्सलवादियों के साथ लापता हो गये। वहाँ से फिर कहाँ गये? क्या-क्या किये, वह सब जानने की मुझे कतई कोई दिलचस्पी नहीं! हाँ, तो फिर आप दो वर्षों बाद जब फिर अपने कॉलेज लौटे तो...।

जोशी : जंगल की कहानी बड़ी दिलचस्प है। हमने बड़ी तेजी से सफाई का काम शुरू किया। पर एक दिन हमने देखा क्या कि हाथी की पीठ पर जंगल का राजा शेर बैठा हुआ है और शेर के ऊपर छाता ताने बकरी खड़ी है। बकरी के पीछे मकड़ी जाले बुन रही है। और मकड़ी के जाले में सारा हिन्दुस्तान...।

व्यक्ति : बन्द कीजिये जंगल की कहानी! यह मत भूलिये, आप इंटरव्यू देने आये हैं! (*विराम*) आप जब दोबारा कॉलेज लौटे, तो–? तो, तो? इम्तिहान क्यों नहीं दिया?

जोशी : तो–तो?

व्यक्ति : (*फाइल में कागज पढ़ता हुआ*) आपका हाईस्कूल में फ़र्स्ट क्लास है, दो सब्जेक्ट्स में डिस्टिंक्शन, इंटर में फ़र्स्ट क्लास। बी.ए. का इम्तिहान क्यों नहीं दिया?

जोशी : कॉलेज लौटा, तो हर विद्यार्थी मुझे घूर कर देखता। मेरे टीचर अजीब शक की निगाहों से मुझे देखते। लड़कियाँ मुझसे आँखें बचाकर जाने क्या फुसफुस-फुसफुस करतीं। सब मुझे देखते ही चुप्पी साध लेते। मेरे पीछे एकाएक हँसी के ठहाके फूट पड़ते। मेरे सामने खामोशी का एक कुआँ खुद जाता। (*एकाएक*) जी, कोई और सवाल पूछिये! यकीन कीजिए, मेरा चरित्र अच्छा है! जी....हाँ, जी...।

व्यक्ति : यह बताइये, जिन्दा रहने के लिए जरूरी क्या है?

जोशी : आज जिन्दा रहने के लिए सबसे जरूरी बात यह है कि इन्सान अपने पर गुजरी हुई वे तमाम बातें भूल जाए, जिनके लिए वह जिन्दा रहना चाहता था। देखिए मैं एक जीती-जागती मिसाल हूँ उसी जिन्दगी की! अपने-आप पर बीती हुई वे सारी बातें मैं भूल जाने की कोशिश में हूँ–क्योंकि अब मैं इस नतीजे पर पहुँच चुका हूँ कि आजादी का मतलब है जिन्दा रहना।

व्यक्ति : 'नो-नो-नो पोलिटिकल टॉक्स!' टेल मी, ह्वाट इज सिविलाइजेशन?

जोशी : मनुष्य जितना अपमान सहता है उसी से उतनी सभ्यता बनती है। और यह अनवरत अपमानित होते रहना जरूरी है, क्योंकि जिन्दा रहना उसकी मजबूरी है।

व्यक्ति : आप हर मसले को खाहमखाह राजनैतिक तरीके से सोचने लगते हैं। **तब से आपका 'मेडिकल चेक-अप' हुआ है?**

जोशी : आपका?

व्यक्ति : सवाल आपसे पूछा जा रहा है।

जोशी : दरअसल आपके स्वास्थ्य से मेरा स्वास्थ्य जुड़ा है।

[विराम]

व्यक्ति : आपके फादर ने मुझे आपके बारे में लिखा है। शायद आपको पता नहीं, हम दोनों 'क्लास-फेलो' रहे हैं। मैं आपको यह नौकरी देना चाहता हूँ। बेकारी ही सब मुसीबतों की जड़ है। आखिर कोई कब तक बिना किसी नौकरी के शान्ति से रह सकता है?

जोशी : जी हाँ, मुझे शान्ति अच्छी लगती है। अगर इस नाम की कोई लड़की मिल गयी, तो जरूर उससे....।

व्यक्ति : इसके लिए पहले नौकरी में आ जाना जरूरी है। मगर आप नौकरी क्यों चाहते हैं?

जोशी : शायद हमारे ब्लड में है—नौकरी। व्यवस्था का अंग बन जाना और फिर कुछ दिनों, जब तक सारा खून ठंडा नहीं हो जाता, उसी व्यवस्था का विरोध करना, ठीक जैसे हिन्दुस्तानी फिल्मों में होता है।

व्यक्ति : आप बड़े समझदार हैं।

जोशी : यही तो पीछा नहीं छोड़ती।

व्यक्ति : लीजिए, इस 'बांड' को पढ़कर दस्तखत कीजिए। अरे, पढ़ तो लीजिए।

जोशी : मुझे पता है—आप मेरे पिता के दोस्त हैं।

[व्यक्ति मुस्कराता है, जोशी हँस पड़ता है।]

व्यक्ति : बन्द कीजिये हँसी, मैं हुक्म देता हूँ—हँसना बन्द कीजिए! चपरासी, इसे बाहर निकालो।

[प्रकाश बुझता है। थोड़ी देर बाद फिर प्रकाश लौटता है। अनिल अपने बाप के सामने खड़ा दिखता है।]

अनिल : बाबा, केमन आछेन?

बाबा : बेश भालो! तोमार की खबर?

[दोनों टहलने लगते हैं।]

बाबा : गोगू! हम तुमसे एक बात बोलने आया है। दुनिया में सब काम करो, मगर अपने को बचा कर। हमने कोभी माना नहीं किया गोगू, तुम जे काज करो, जे काज ना करो। तुमी शोतन्त्र। नाहीं तो शोतन्त्र भारत की छबि कैसे बनेगी? तुमी शोतन्त्र।

अनिल : आर आपनी, बाबा?

बाबा : अरे हम लोगन को छोड़ो। इन बातों को सोचने का फुरसत कहाँ है। खोकन अमेरिका में ही शादी करके वहीं 'सेटिल' हो गया। मोनी का हस्बैंड राउरकेला में चीफ इंजीनियर हो गया। खोका को एक स्माल इंडस्ट्री करा दिया। उसके लिए हावड़ा में एक कोठी बना दिया। हम जब तक रिटायर्ड होगा, ढाई-तीन लाख पी.एफ. हो जाएगा। चीफ मिनिस्टर अपना ही शिष्य है।

अनिल : बाबा, आप मुझसे कोई विशेष बात कहनेवाले थे।

बाबा : हाँ-हाँ-हाँ। यही कथा थी—तरक्की, विकास, उन्नति का रहस्य क्या है? कभी कुछ 'कमिट' मत करो। करो। खूब करो, परन्तु 'कमिट' मत करो। हाँ, वह जो तुम्हारा साथी था ना—परिमल चटर्जी, जिसका वर्द्धमान में पुलिस से एनकाउंटर हुआ था? हाँ, वही। अब वह बहुत इम्पार्टेंट आदमी हो गया। जैसे एक पैर राइट होता है, दूसरा लेफ्ट होता है। एक हाथ लेफ्ट होता है, दूसरा हाथ राइट होता है। और दोनों साथ होता है। साथ

चलता है। सवाल यह नहीं कि आप चलते हैं—करते हैं—सवाल यह है कि आप किधर चलते हैं—क्या करते हैं। तो असली चीज है—कोआर्डिनेशन, स्ट्रेटजी और कांडक्ट।

अनिल : आप मुझसे कुछ कहने वाले थे।

बाबा : गोगू, द सीक्रेट इज, चीजों को कैसे इस्तेमाल किया जाए, चाहे वह हिंसा हो, अहिंसा हो, चाहे वह दुःख हो, गरीबी हो, लोगों का 'सफरिंग' हो।

अनिल : ओ माँ! बाबा, प्लीज गिव मी ए सिगरेट!

बाबा : गोगू, सिगरेट बहुत बुरी चीज है। हम बोलता है कि यहाँ से मेरे संग चलो, अब सब ठीक कर लिया है। आखिर हम बुड्ढा लोग कब तक जीएगा? यू आर द फ्यूचर। तुम्हीं लोग तो हमारा ड्रीम है। सपना।

[अनिल बाबा के बैग पर झपटकर उसे छीन लेता है। बैग की चीजें आवेश में देखता है। फिर उसमें से सिगरेट-माचिस निकालकर दागता है।]

बाबा : गोगू, तुभी कुछ बोलो ना। हमसे 'डिस्कस' करो। हमको कांट्रेडिक्ट करो। सेई तो हमारी बात में कांट्रेडिक्शन है। वोइ तुम्हारी लाइफ है। हम साफ बोलता और इस बात में पूरा यकीन करता है—द चाइल्ड इज द फादर ऑफ द मैन।

[अनिल सिगरेट के धुएँ के बीच जैसे खो गया है। बाबा की आवाजें अँधेरे में उभरती रहती हैं। थोड़ी देर बाद प्रकाश लौटता है। अनिल और जोशी फर्श पर लेटे पड़े हैं। बाहर लोग शोर मचा रहे हैं। वही आवाजें, शब्द आ रहे हैं। दोनों चुप पड़े हैं। बाहर धीरे-धीरे सब शान्त हो जाता है। दोनों उठ बैठते हैं, दोनों अपलक एक-दूसरे को देखते हैं।]

अनिल : बचपन में अपने पिता को क्या कहते थे?

जोशी : बापू। और तुम?

अनिल : बाबा! उन दिनों की कोई बात याद है?

जोशी : बापू अक्सर लोगों से कहा करते थे—उनका बचपन आजादी की लड़ाई, राष्ट्र-प्रेम के वातावरण में बीता था। उन दिनों बापू कभी-कभी गाते थे—
यह जिन्दगी है कौम की, तू कौम पै लुटाये जा।

अनिल : मेरे बाबा भी गाते थे—
सरफरोशी की तमन्ना अब हमारे दिल में है।
देखना है जोर कितना बाजुए कातिल में है।

जोशी : मैंने अपने बचपन में एक अजीब बात देखी। न जाने क्यों बापू आजादी

के अपने विचारों और सपनों पर पछता रहे थे। जैसे-जैसे बापू अपनी सरकारी नौकरी में तरक्की करते गये और इधर मेरी उमर बढ़ती गयी, उधर देश के राजनेता लोग, आजादी के सपनों और कल्पनाओं को बेरहमी से तोड़ते गये। मैं जैसे-जैसे बड़ा होने लगा, मेरे चारों ओर निराशा दिनों-दिन गहरी होती चली गयी।

अनिल : 'नो पोलिटिकल टॉक्स! नथिंग डूइंग!'

जोशी : पर वे सपने मेरे बाहर-भीतर क्यों छाये रहते हैं?

अनिल : मेरे बाबा कहते थे कि जब मैं बूढ़ा हो जाऊँगा, तब एक नंगे सनकी, पागल की तरह सड़कों पर भटकूँगा। तब ये आजादी के सपने ही मेरी सनक होंगे।

जोशी : जब दोबारा मैं कॉलेज से भागा, तब बापू ने कहा—'अब मेरा बेबी...मेरा बेबी जोशी, गुंडों, अपराधियों के दल में खो जाएगा।'

अनिल : अनिल 'एंटीसोशल' हो जाएगा।

[फिर वही शोर बढ़ने लगता है।]

जोशी : (*एक ओर*) सुनो, सुनो! मैं देख रहा हूँ इस भीड़ में बापू तुम्हें। सुनो...देखो, वही आपके आजादी के सपने मेरी सनक हैं। वही कल्पनाएँ हमें पागल किये हुए हैं!

अनिल : बाबा! तुमी, तुमी ओ। तुमी ओ, बाबा।

[हथगोले, छिलके आदि मारे जाते हैं।]

जोशी : हाँ-हाँ, मारो। और मारो!

अनिल : हम स्वप्न हैं। हमें कोई नहीं मार सकता।

जोशी : हम तुम्हारी वही कल्पना हैं—जो तुम होना चाहते थे।

अनिल : गाली क्यों बकते हो?

जोशी : बेहूदे सवाल क्यों करते हो?

अनिल : हम तुम्हें देख रहे हैं।

जोशी : पहचान रहे हैं। महसूस कर रहे हैं।

अनिल : हाँ, हाँ; हमारा परिचय कुछ नहीं है।

[धीरे-धीरे बाहर का शोर खत्म होता है। पर दोनों बाहर अपलक देख रहे हैं, जैसे निःशब्द संवाद कर रहे हों।]

मोहन राकेश

हिन्दी साहित्य जगत में मोहन राकेश एक बहुआयामी प्रतिभा-सम्पन्न साहित्यकार के रूप में विख्यात हैं।

मोहन राकेश का जन्म 8 जनवरी, 1924 में पंजाब के जालन्धर शहर में हुआ। मदन मोहन राकेश उनका असली नाम था लेकिन उन्होंने स्वयं मोहन राकेश यह नाम धारण किया। उनके पिता का नाम कर्मचंद गुगलानी था, वे पेशे से वकील थे। उनकी माता संस्कृत की गण्यमान्य विद्वान थीं। उनके परिवार पर वल्लभ सम्प्रदाय का प्रभाव था।

इनकी प्रारंभिक शिक्षा अमृतसर में सम्पन्न हुई। इन्होंने लाहौर से पहले संस्कृत में एम.ए. किया और फिर बाद में हिन्दी विषय में एम.ए. की परीक्षा उत्तीर्ण की। देश विभाजन के बाद वे मुम्बई चले आये। सन् 1941 में मुम्बई के एलफिन्स्टन महाविद्यालय में हिन्दी के लेक्चरर पद पर कार्य किया। आँखें कमजोर होने के कारण आगे वह नौकरी भी छोड़नी पड़ी उसी वर्ष डी.ए.वी. महाविद्यालय जालन्धर में हिन्दी प्रवक्ता पद पर काम करने लगे। लेकिन टीचर्स यूनियन की गतिविधियों में अधिक सक्रिय रूप से हिस्सा लेने के कारण छह महीने बाद वहाँ से हटना पड़ा। आगे शिमला के बिशप काटन स्कूल में नौकरी की। सन् 1950 के अन्त में उनका विवाह हुआ लेकिन वह ज्यादा दिनों तक टिक न सका। सन् 1952 में नौकरी छोड़कर स्वतन्त्र रूप से लेखन करने का निश्चय किया लेकिन वह ज्यादा दिनों तक निभ न पाया। दिसम्बर सन् 1952 और फरवरी सन् 1953 के बीच गोवा से कन्याकुमारी तक समुद्र मार्ग से यात्रा की। सन् 1953 में जालन्धर के डी.ए.वी. महाविद्यालय में हिन्दी विभागाध्यक्ष पद के लिए आपको वापस बुलाया। यह उनकी जिन्दगी की सबसे लम्बी नौकरी थी···, चार वर्ष, चार महीने नौकरी करने के बाद सन् 1957 में नौकरी से त्यागपत्र देकर दिल्ली वापस आये। दिल्ली आने तक राकेश जी अपनी रचनाओं द्वारा हिन्दी जगत में अपना अच्छा स्थान बना चुके थे। सन् 1960 में दिल्ली विश्वविद्यालय में लेक्चरर की नौकरी की और जल्द ही छोड़ दी। सन् 1962 में मुम्बई से बुलावा आया और सारिका पत्रिका के सम्पादक बने। सन् 1963 में वहाँ से भी अलग हुए। बँधी हुई जिन्दगी में इनका मन अधिक नहीं रमा। आगे उन्होंने स्वतन्त्र लेखन करने का निश्चय किया। वे जीवन में हमेशा संघर्षरत रहे। अपने भाग्य को

अमृतसर, जालन्धर, दिल्ली, मुम्बई आदि जगहों पर आजमाते गये और मुम्बई के विशाल सागर की लहरों में मन की अकुलाहट का समाधान ढूँढ़ते रहे। पारिवारिक स्नेह की रेशमी डोरियाँ टूटीं और फिर जुड़ीं। उनका दूसरा विवाह अनिता से हुआ, उनसे उन्हें दो सन्ताने हुई। अन्त में साहित्य सेवा करते हुए 2 अगस्त, 1972 में उनका निधन हुआ।

रचनाएँ: कहानी संग्रह–इंसान के खँडहर (1950), नये बादल (1957), जानवर और जानवर (1958), एक और जिन्दगी (1961), फौलाद का आकाश (1966), जा के साये (1967), रोथे रेशें, एक एक दुनिया, मिले जुले चेहरे इत्यादि

उपन्यास–अँधेरे बन्द कमरे, काँपता हुआ दरिया, नीली रौशनी की बाँहें, न आनेवाला कल।

नाटक–आषाढ़ का एक दिन (1957), लहरों के राजहंस (1963), आधे अधूरे (1969)।

एकांकी–सत्य और कल्पना, कर्फ्यू।

यात्रा–आखिरी चट्टान तक।

निबन्ध–परिवेश।

कँवारी धरती

मोहन राकेश जी ने प्रस्तुत एकांकी में मध्यवर्गीय नारी को चित्रित किया है। एकांकी में मोहन राकेश जी ने यथार्थ और भावना के संघर्ष को व्यक्त किया है। जीवन की सच्चाई को प्रकट करनेवाला यह ध्वनि नाटक है। इसमें रजनी जैसी सुशिक्षित युवती की करुण त्रासदी को व्यक्त किया गया है। स्वतन्त्रता प्राप्ति के बाद नारी समाज में हुए बदलाव के कारण हुई समस्या को केन्द्र में रखा गया है। रजनी अपने माता-पिता के मुक्त वातावरण में पली हुई लड़की है, यही मुक्त वातावरण उसके जीवन की करुण कथा की पार्श्व-भूमि बनता है। अपने प्रेमी विजय के शब्द-जाल में फँसकर वह गर्भवती होती है। विजय एक विवाहित पुरुष है। विजय की पत्नी लक्ष्मी के भोलेपन को देखकर वह विजय से बदला नहीं लेती। पिता रामचरण उसके भविष्य के प्रति सचेत होकर उसे जीवन के कटु यथार्थ को समझाते हैं। किन्तु भावना और ममता के कारण वह गर्भपात नहीं कराती। वह अज्ञात जगह आकर अपने बच्चे को जन्म देना चाहती है। किन्तु वहाँ भी समाज उस पर चरित्रहीनता का आरोप लगाता है। इससे वह टूटकर गंगा तट पर बच्चे को जन्म देकर गंगा में कूद जाती है। समाज में रजनी जैसी अविवाहित नारियाँ कँवारी माँ बनने पर सामाजिक दृष्टि से उनकी दशा कितनी करुण हो जाती है, इसका सशक्त दर्शन इस एकांकी में हुआ है।

कँवारी धरती

•

मोहन राकेश

पात्र

रामचरण	सुभागी
रजनी	विजय
रेफरी	राधिका
विलोचन	त्रिलोचन
चम्पा	लक्ष्मी, सन्तोष
पुरुष-स्वर	नारी-स्वर

[गम्भीर उदासी व्यक्त करने वाला संगीत।]

रामचरण : रजनी की माँ!...ओ रजनी की माँ!

सुभागी : आयी!

रामचरण : *(क्षण-भर रुककर)* अब आओगी भी? तुम्हारे लिए इतना अच्छा समाचार लेकर आया हूँ और तुम हो कि 'आयी' कहकर वहीं बैठी हो।

सुभागी : *(आती हुई)* देखो, आटा गूँध रही थी, हाथ अभी आटे में सने हैं। कभी जरा तो सब्र कर लिया करो। उधर तुम्हारी लाड़ली....।

रामचरण : आज उस लाड़ली की चिन्ता तुम्हारे सिर से बिलकुल उतर गयी, लड़ली की माँ!....जाने तुम्हारे माँ-बाप ने क्या सोचकर तुम्हारा नाम सुभागी रखा था? हर बात में तुम्हारा भाग फल जाता है। पति मिला तो वह....! *(आत्मश्लाघा के रूप में थोड़ा खाँसता है।)* बेटी मिली तो वह....! और बेटी के लिए बर-घर मिला तो वह....! सचमुच परमात्मा को रिश्वत देकर पैदा हुई हो।....मैं उन लोगों से बात पक्की कर

आया हूँ। लड़की उन्हें बेहद पसन्द आयी है।....और हजार में से एक लड़की है, पसन्द क्योंकर न आती?....वे अगहन का ब्याह माँगते हैं। मैने कहा कि लड़की की माँ से बात-भर कर लेने दीजिए, हम अगहन का ब्याह दे देंगे। क्यों, ठीक है न? जब करना ही है ब्याह तो माघ का क्या और अगहन का क्या? यूँ चुपचाप मेरा मुँह क्या देख रही हो?

सुभागी : जिसका ब्याह पक्का कर आये हो, पहले जाकर उससे तो पूछ लो। मैं तो कहती हूँ कि तुम अगहन छोड़कर भादों का ब्याह दे दो, पर जिसका ब्याह होगा वह कमरा बन्द करके अन्दर पड़ी है। साँझ हो गयी, पर रानी ने अभी तक दोपहर का खाना नहीं खाया। जब से उन लोगों के साथ घर से गये हो, तब से ही यह खाट पर औंधे मुँह पड़ी है। बुलाती हूँ तो बात नहीं करती।

रामचरण : अरे, बच्ची है, संकोच करती होगी। देखो, मैं अभी खिलाता हूँ उसे खाना।....रजनी! *(दरवाजा खटखटाकर)* रजनी बेटा, जरा दरवाजा तो खोलना। *(फिर दरवाजा खटखटाकर)* रजनी!....शायद सो न गयी हो। *(फिर दरवाजा खटखटाकर)* रज्जो! बेटा, उठकर जरा दरवाजा तो खोल।

[चटखनी और किवाड़ खुलने का शब्द।]

: अरे ऐसे अँधेरे कमरे में दरवाजा बन्द करके पड़ी है! चल ऊपर, छत पर चलकर बैठ। पुराने जमाने की गँवार अनपढ़ लड़कियाँ ब्याह का नाम सुनकर इस तरह किया करती थीं; तू तो पढ़ी-लिखी होकर भी उनको मात कर रही है। *(क्षण-भर रुककर)* ये इतने कपड़े क्यों इधर-उधर फैल रखे हैं? *(जरा विनोदपूर्ण स्वर में)* अच्छा, अच्छा, यह देख रही थी कि कौन-कौन कपड़े उस घर में ले जाने लायक हैं, हाँ? अरी, उसके लिए तो तेरी माँ के सन्दूक भरे पड़े हैं। और—।

रजनी : पिताजी, मेरे माथे में बहुत दर्द है। मुझे कुछ देर सो लेने दीजिए। आप ऊपर चलकर बैठिये। थोड़ी देर में मैं भी आपके पास आ जाऊँगी।

रामचरण : माथे में दर्द है तो, बेटी, मैं तेरा माथा दबा देता हूँ।

रजनी : नहीं पिताजी! आप ऊपर चलिये। मैं अभी....मैं अभी आ जाऊँगी।

[आवाज रुआँसी हो जाती है।]

रामचरण : क्या बात है, रज्जो?... तू रो रही है! न बेटे, रोने की क्या बात है? तुझे यह रिश्ता पसन्द नहीं है तो न सही। मैं उनके लोगों को कल ही

मना कर दूँगा।...आँखें पोंछ ले, बेटा! मुझे तूने ऐसा बाप समझ रखा है जो अपनी बेटी की मर्जी देखे बिना उसका ब्याह कर देगा? मैं सबेरे ही जाकर उनसे कह आऊँगा। रज्जो की माँ, जा, इसके लिए थोड़ा दूध गिलास में डाल ला।...तू आ बेटी, यहाँ मेरे पास बैठ, बाहर।

[क्षण-भर का व्यवधान।]

रामचरण : रज्जो!

रजनी : पिताजी!

रामचरण : तू जानती है रज्जो कि मेरे घर में लड़का-लड़की जो कुछ है तू ही है और मैंने सदा तुझे लड़कों की तरह ही माना है।

रजनी : हाँ पिताजी!

रामचरण : इसलिए तेरे दिल में जो भी बात हो, बेटी, वह तू मुझसे खुलकर कह सकती है। तुझे यह रिश्ता पसन्द नहीं है न?

रजनी : (*रुआँसे स्वर में*) पिताजी, मेरी यह एक प्रार्थना मान लीजिए। इस विषय में मुझसे कोई...कोई बात मत कीजिए।

रामचरण : देखो बेटी, हम उस जमाने के लोग हैं नहीं, जब इस विषय को लेकर बाप-बेटी में कोई बात नहीं होती थी। तुम्हारी इस सम्बन्ध में कोई अपनी रुचि हो तो...तो तुम बिना संकोच के मुझे बता दो। तुम जहाँ कहोगी, मैं वहीं पर...।

रजनी : पिताजी, मैंने अभी आपसे कहा है कि इस एक विषय पर आप मुझसे कोई बात न करें।...मुझसे कोई बात नहीं की जाएगी, पिताजी, कोई बात नहीं की जाएगी।

[फफककर रो पड़ती है।]

रामचरण : तेरी माँ दूध ले आयी है, बेटा! तू पहले दो घूँट पी ले। रोने की इसमें क्या बात है, पगली? कौन-सी ऐसी चीज है जिसका हल नहीं है? लोग जात-पात, ऊँच-नीच गिनते होंगे, मैं नहीं गिनता। तेरी खुशी से बड़ी मेरे लिए क्या चीज हो सकती है?...तू नहीं जानती, बेटी कि लोगों से तेरी चर्चा सुन-सुनकर मेरा दिल कितना ऊँचा होता है। तेरे कॉलेज के लोग मिलते हैं तो वे तेरी तारीफें करते नहीं थकते। सोशल सर्विस कैम्प की इंचार्ज मिली थी तो वह कहती थी कि सारी बी.टी. क्लास में रजनी की तरह तन-मन से काम करनेवाली कोई लड़की नहीं थी।

रजनी : वह रजनी 'थी', पिताजी! वह आपकी बेटी, समझ लीजिए, मर गयी। जो रजनी आज 'है', यह आपकी बेटी नहीं है। उसका नाम लेकर कोई आपके सामने उसकी तारीफ नहीं करेगा। उसका नाम लेकर

लोग हँसेंगे, फब्तियाँ कसेंगे, और वह आपकी बेटी है, यह सुनकर आपका सिर झुक जाया करेगा।

रामचरण : तुझे हुआ क्या है, रजनी? किस तरह की बातें कर रही है?

रजनी : मैं जानती थी कि किसी-न-किसी दिन यह सब आपसे कहना होगा। लेकिन कहने के लिए जबान मेरे पास नहीं है, पिताजी! यह सब मुझसे नहीं कहा जाएगा।...अच्छा होगा आप किसी और के मुँह से सुनें...।

रामचरण : रज्जो, रज्जो, क्यों नहीं साफ-साफ बात मुझसे कहती है? मेरी सीधी-सी बच्ची आज पहेलियाँ क्यों बुझा रही है?

रजनी : आप जिसे सीधी-सी बच्ची समझते हैं, वह सीधी-सी नहीं है, पिताजी! आप उसे जान लेंगे तो शायद उसके गले में फाँसी लगा देना चाहेंगे। वह सीधी-सी बच्ची...बहुत जल्द...बहुत जल्द..वह सीधी-सी बच्ची एक बच्चे की माँ...!

[बेग और दूध के गिलास के गिरने के शब्द। रजनी की सिसकियाँ।]

रामचरण : (*जैसे आसमान से गिरकर*) रज्जो!

सुभागी : हाय, मैं मर गयी रे!...मुझे यहाँ से उठा रे, मेरे राम!
(*रजनी फफक-फफककर रोती रहती है।*)
हाय री, इस दिन के लिए तुझे बड़ा किया था मैंने, मुँह-जली? तूने माँ-बाप का मुर्दा खराब कर दिया, तेरा कुछ न रहे...

रामचरण : (*क्रोध से*) चुप रहो, रज्जो की माँ! और चुप नहीं रह सकतीं तो यहाँ से चली जाओ!

सुभागी : मैं तो इस दुनिया से ही चली जाऊँगी, हाय मेरे रामा! यह दिन देखने के लिए ही मुझे जीता रख छोड़ा था, रामजी!

रामचरण : रजनी की माँ, मैं कह रहा हूँ कि तुम यहाँ से चली जाओ, नहीं तो मेरे हाथ आज कुछ कर बैठेंगे। तुम माँ हो या डाइन, जो बेटी की जान की दुश्मन हो रही हो? जाओ उधर जाकर रोटी बनाओ।

सुभागी : रोटी बनाऊँ? आज भी मुझसे रोटी बनवाओगे? सचमुच मेरा डाइन का पेट है न?

रामचरण : बैठना है तो यहाँ चुप से बैठो। यह बकझक मैं नहीं सुनना चाहता। ...रज्जो, तूने बात कह दी है, बेटा! मैंने बात सुन ली है। अब अपनी हिचकियाँ सँभाल ले, बेटा, और आँसू पोंछ ले। मुझे पूरी बात बता। यह कोई ऐसी अनहोनी बात नहीं है जो सिर्फ तेरे साथ ही हुई। वह

आदमी कौन है?...मैं जैसे भी होगा उसके साथ तेरा...।

रजनी : वह आदमी कोई भी नहीं है, पिताजी! कभी मैं उस आदमी को जानती थी। मगर आज...आज मैं उसे नहीं जानती।...आज उस आदमी को मैं बिलकुल नहीं जानती। बरस-भर पहले मैंने उस आदमी को पहली बार देखा था।...(*जैसे स्वगत*) मैं कॉलेज की तरफ से बैडमिंटन टूर्नामेंट में खेलने के लिए गयी थी। वह भी उस टूर्नामेंट में खेलने के लिए आया था। एक सिंगल्स का मैच हम दोनों ने आमने-सामने खेला था। वह बहुत चुस्त खिलाड़ी था। हम दोनों के पॉइंट लगभग बराबर ही चल रहे थे...।

[शटल कॉक के रैकेट्स से टकराने की आवाज। एक शॉट। कई आवाजें : 'गुड शॉट?']

रेफरी की आवाज : सर्विस चेंज! थर्टीन गेम पॉइंट!

[फिर शटल कॉक के रैकेट्स से टकराने की आवाज।]

रेफरी : वैल प्लेड, रजनी! गेम पॉइंट थर्टीन।

[फिर कई क्षण शटल कॉक के रैकेट्स से टकराने की आवाज। फिर कई आवाजें : 'ओ, वैल डन!', 'वैल शॉट, रजनी!' 'गुड वन!' फिर सम्मिलित आवाज : 'थ्री चियर्ज फॉर रजनी शर्मा–हिप-हिप हुर्रे! हिप-हिप हुर्रे! हिप-हिप हुर्रे!']

विजय : मेरी भी मुबारकबाद लीजिए, मिस शर्मा! आप बहुत अच्छा खेलती हैं। आपसे हारकर भी सचमुच लुत्फ आ गया।

रजनी : नहीं जी, यह तो चांस की बात है जो मैं जीत गयी। नहीं, आप मुझसे अच्छा खेलते हैं।

विजय : (*अर्थपूर्ण स्वर में*) नहीं, चांस की बात तो न कहिये। मुझे तो पहली सर्विस के वक्त से ही विश्वास हो गया था कि आप जीतेंगी। खैर, खूब रहा आज का मैच! कभी-कभी इनसान को हराकर भी दिली खुशी होती है। आइये, अगले मैच तक एक-एक प्याली चाय पी ली जाए।

रजनी : देखिये, पता नहीं कब डबल्स की बारी आ जाए...?

विजय : अजी, चिन्ता मत कीजिए। अभी तीन सिंगल्स के मैच बीच में हैं। और कैंटीन, वह सामने ही तो है। तीस जमा तीस सैकेंड में यहाँ पहुँच सकते हैं। प्ली डू कम। तकल्लुफ मत कीजिए।

रजनी : नहीं, तकल्लुफ नहीं! अच्छा, चलिये।

[कुछ क्षणों का व्यवधान। प्यालियों में चाय उँडेलने का शब्द।]

विजय : खूब अच्छी चाय बनायी आपने। चाय की ऐसी अच्छी प्याली कभी भाग्य से ही मिलती है।

रजनी : चीनी कम तो नहीं?

विजय : दूध, चीनी और चाय तीनों का इतना सुन्दर अनुपात है कि क्या कहूँ! सच कहते हैं कि चाय में चीजों का टेस्ट नहीं होता, टेस्ट उन हाथों से आ जाता है जो इन चीजों को एक जगह मिलाते हैं।

रजनी : यह लीजिए, आप सैंडविच तो खा नहीं रहे।

विजय : क्या खूब! आपके सैंडविच उठाकर देने में भी कलात्मकता है। क्षमा कीजिएगा मिस शर्मा, मैं बहुत देर से आपकी उँगलियों को देख रहा हूँ। इन उँगलियों की हर मूवमेंट में एक खास तरह की लोच है। मुझे लगता है कि आप या तो चित्र बनाती हैं, या नृत्य सीखती हैं। नहीं तो इतनी ग्रेस उँगलियों में नहीं आ सकती। यूँ भी पतली-पतली और लम्बी-लम्बी उँगलियाँ हैं, बिल्कुल स्वीटपीज की तरह...।

रजनी : जी, मैं तो न चित्र बनाती हूँ और न नृत्य सीखती हूँ परन्तु मुझे लगता है कि आप जरूर कविता करते हैं! उँगलियाँ और स्वीटपीज!...क्या कल्पना है!

विजय : आप इसे कविता कह सकती हैं, मिस शर्मा! पर मेरे लिए यह कविता नहीं है। मेरे लिए यह यथार्थ है। (*चाय के घूँट भरकर*) और सच पूछिये तो कविता ही मेरे जीवन का यथार्थ है। मैं हजार चाहकर भी अपने को कविता से अलग नहीं कर सकता।

रजनी : तो मेरा अनुमान सही था न कि आप कविता करते हैं। चाय पीते-पीते अपनी एकाध चीज सुना दीजिए।

विजय : चाय पीते-पीते? यह आपने अच्छी कही! यद्यपि आजकल कविता का स्तर यही हो गया है, फिर भी मैं नहीं समझता कि आप सीरियसली यह बात कह रही हैं...कभी आप समय निकालें तो जरूर मैं आपको कुछ चीजें सुनाऊँगा। यहाँ का वातावरण आप देख रही हैं, कैसा है!

रजनी : तो कल सुनाइयेगा?

विजय : जिस दिन भी आप चाहें। मैं तो आप समझिये कि एम.ए. बस नाम के लिए ही कर रहा हूँ। बड़े भाई चाहते हैं कि किसी तरह पढ़-लिखकर अपना खर्च आप चलाने लगूँ। प्रीवियस में सेकेंड क्लास आ भी गयी थी, पर मेरी पढ़ाई में रुचि नहीं है। अगर असुविधा न हो तो आप आइये किसी दिन। नयी बस्ती में मैं बीच की सड़क पर रहता हूँ। दो सौ सोलह नम्बर है। विजयदेव किसी से भी पूछ लीजिएगा। आइएगा न।

रजनी : कह नहीं सकती। यूँ तो आना असम्भव ही है। पर कोई साथिन मिल गयी तो शायद किसी दिन आऊँ। (*हलका-सा व्यवधान और अवसादमय सितार का स्वर।*)

: पहली बार मैं सन्तोष के साथ उसके यहाँ गयी थी। यह हमें वहाँ जाकर पता चला कि वह घर में अकेला ही रहता है। उसने हमें कई कविताएँ सुनायीं—

विजय : एक चित्र है :

घर अभी है दूर, चलता जा रहा हूँ—
सोचता हूँ कब कहाँ पर जा जरा विश्राम होगा?
कब कहाँ पर जा भला यह अन्त लम्बा याम होगा?
कब भला पग-चाप-रव
कब भला पग-चाप-रव मेरी बना पहचान होगा?
कब रुकेंगे पैर, स्मित से मौन कब आह्वान होगा?
डगमगाता हूँ, सँभलता जा रहा हूँ!
घर अभी है दूर, चलता जा रहा हूँ!

रजनी : भई, आप तो सचमुच बहुत अच्छी कविता लिखते हैं।

सन्तोष : बड़ा प्रवाह है आपकी कविता में।

विजय : आगे है—

शून्य के आवरण में मैं खो गया दिग्भ्रान्त होकर।
अन्त घर से दूर हो यदि, आज मरु में प्राण खोकर...
कौन साथी?
कौन साथी, क्या सहारा, देर कितनी प्राण रुकते?
सोच यह, निःशब्द रजनी में जिधर को पैर उठते,
बस उधर को ही निकलता जा रहा हूँ।
घर अभी है दूर, चलता जा रहा हूँ।

सन्तोष : बहुत खूब! बहुत अच्छी चीज दी है आपने।

विजय : एक और भाव है—

जब तुमने श्रृंगार किया—
उठी गुदगुदी-सी अन्तर में, ज्यों वसन्त में सुरभित धूल!
गौर बदन पर काली अलकें, जहाँ सजे सतरंगे फूल!
ज्यों पूनम पर सावन घन ने इन्द्र-धनुष हो वार किया!
जब तुमने श्रृंगार किया—
छवि छायी उर में धड़कन बन ज्यों यौवन की पहली भूल!

लाल होंठ, फिर गाल गुलाबी, कानों में केसरिया फूल!
तब रवि ने सन्ध्या, सन्ध्या ने कुमुद युगल से प्यार किया,
जब तुमने शृंगार किया—

[‘बहुत अच्छे!’, ‘बहुत अच्छा भाव है!’ आदि प्रशंसा-वाक्यों के साथ फेड-आउट। क्षण-भर का व्यवधान और सितार का अवसादमय स्वर।]

रजनी : मैं नहीं जानती कि किस चीज ने मुझे उसकी ओर विशेष रूप से आकृष्ट किया—उसकी कविता ने, उसके स्वर ने, उसके शब्दों ने या उसके कोमल व्यवहार ने। मैं बहुत बार अनायास ही उसके यहाँ चली जाती। वह अपनी कविताएँ सुनाता और मैं उसकी ओर देखती रहती। जब वह कविता पढ़ता था तो उसके चेहरे पर बच्चों का-सा भोलापन छा जाता था। मुझे लगता था कि उस चेहरे की हर भाव-भंगिमा मुझ पर छायी जा रही है। मैं उसकी ओर देखती रहती थी, वह कविता सुनाना छोड़कर मुझसे बातें करने लगता था। उसकी बातों का आकर्षण उसके चेहरे के आकर्षण को कई गुना बढ़ा देता था। एक बार जब वह बीमार हुआ तो मैं रोज कुछ देर के लिए कॉलेज से उसके यहाँ चली जाती थी। वह मेरे हाथ से ही दवाई लेता और तब उसकी बातों का सिलसिला समाप्त ही नहीं होता...

विजय : *(जरा-सा खाँसकर)* कई-कई बार यह अकेलापन मुझे निगलने को आता है, रजनी! मुझे लगता है कि मैं वीराने में भटकती हुई एक छाया हूँ जिसे कभी कहीं विश्राम नहीं मिलेगा। मैं अपने चारों ओर देखता हूँ, सारी सृष्टि भरी-पूरी है। कहीं भी तो रिक्तता नहीं है। पर मेरे अन्तर में एक विराट शून्य है। जब तुम पास होती हो तो थोड़ी देर के लिए वह शून्य भर जाता है। पर तुम्हारे जाते ही घटाएँ घिरने लगती हैं और मुझे अपना ओर-छोर नहीं मिलता। मैं कितनी बार चाहता हूँ कि तुमसे कहूँ कि मेरे इस शून्य को सदा के लिए भर दो। लेकिन मुझसे कहा नहीं जाता। डर लगता है कि तुम मना कर दोगी तो क्या होगा? जितना अभाव आज भरा हुआ है, उससे अधिक की शायद मुझे कामना ही नहीं करनी चाहिए। जिसका जीवन मेरी तरह साधनहीन हो, वह क्या ऐसे भाग्य की आशा कर सकता है?

[हलका-सा अन्तराल और सितार का स्वर।]

रजनी : मैंने समझा, मैं जीवन में बहुत बड़ा कुछ कर रही हूँ। उसके अभावों को भरकर जैसे मुझे सार्थकता मिल रही है। मुझे यह बात बहुत

चुभती थी कि वह अपने को मेरे योग्य नहीं समझता। मैं अपना सब-कुछ देकर उसे समझाना चाहती थी कि मैं उसे अपने से कहीं बड़ा मानती हूँ। वह भर उठता तो मैं जैसे सब-कुछ पा लेती। मैंने सोचा था कि उसकी परीक्षा हो जाये तो मैं घर में किसी दिन बात कर लूँगी। मुझे विश्वास था कि किसी ओर से कोई बाधा नहीं होगी। परन्तु एक दिन मुझे अपनी स्थिति का आभास हुआ तो मेरी आँखों के आगे अँधेरा छा गया। वह सर्दी की छुट्टियों में ऊना अपने गाँव गया था। मैंने बहुत उत्कंठा और घबराहट के साथ उसके आने की प्रतीक्षा की। जिस दिन मुझे पता चला कि वह लौट आया है, मैं कॉलेज का समय पूरा होने से पहले ही उसके घर चली गयी। बाहर ही मेरे पैर ठिठक गये। अन्दर रस्सी पर किसी की साड़ी सूख रही थी। मेरा सारा शरीर एक बार काँप गया। मेरे गये से जो आवाज निकली, वह मुझे अपनी आवाज नहीं लगी। कुछ क्षण बाद दरवाजा खुला। मैंने देखा कि एक बहुत दुबली और भोली-सी लड़की बाल बिखेरे खड़ी है। उसने मुझसे क्या कहा, मैं ठीक से नहीं सुन सकी। मैंने बहुत अस्त-व्यस्त शब्दों में उससे विजय के बारे में पूछा।

[हलका-सा अन्तराल और सितार का स्वर।]

रजनी : यहाँ पर...यहाँ पर वह विजय बाबू रहते थे न? वे...घर पर नहीं हैं!

लक्ष्मी : जी नहीं! वे अभी बाजार से लौटकर नहीं आये हैं। अभी थोड़ी देर में आ जायेंगे।...हम लोग आज ही गाँव से आये हैं न!...वे घर की चीजें लाने के लिए गये हैं। आप अन्दर आकर बैठिये।

रजनी : जी नहीं। मुझे...कोई ऐसा काम नहीं है। आप...आप तो पहली बार आयी हैं न?

लक्ष्मी : जी हाँ। पहली ही बार आयी हूँ। इसी बार मेरा गौना हुआ है। ब्याह को तो दो साल हो गये, पर पहले भैया इनकी पढ़ाई की वजह से भेजते नहीं थे। अबकी उन्होंने कहा कि पढ़ाई पूरी हो रही है, तुम चली जाओ।...आप भी उनके साथ कॉलेज में पढ़ती हैं?

रजनी : जी नहीं!...नहीं...हाँ, हाँ, मैं कॉलेज में ही पढ़ती हूँ।

लक्ष्मी : आप चाहें तो बैठकर इन्तजार कर लीजिए, या नाम बता जाइये, मैं उनसे आने पर कह दूँगी।

रजनी : नहीं, मैं फिर कभी उनसे मिल लूँगी।...उनसे कुछ नोट्स लेने थे। आप नयी-नयी आयी हैं।...अपना घर सैट कर लीजिए।...मैं फिर किसी

दिन चक्कर लगा लूँगी। अच्छा, नमस्ते!

लक्ष्मी : नमस्ते!

[क्षण-भर का अन्तराल और सितार का अवसादपूर्ण स्वर।]

रजनी : मैं बहुत दिन उससे नहीं मिल पायी। कई बार मन होता कि उसके घर चली जाऊँ और उसने मेरे जीवन के साथ जो खिलवाड़ किया है उसका उससे प्रतिशोध लूँ। परन्तु फिर उस बालिका-सी नवयुवती का भोला-सा चेहरा, उसकी बड़ी-बड़ी कातर आँखें और उनका सहज विश्वासपूर्ण भाव मेरे सामने आ जाता और मुझसे जाये नहीं बनता। लगता कि मेरे विश्वास की हत्या तो हो ही चुकी है, यदि मैंने ऐसा किया तो एक हरिणी की तरह कोमल लड़की के विश्वास की हत्या और होगी। इसी दुविधा में दिन बीत रहे थे कि एक दिन अचानक वह मुझे यूनिवर्सिटी की सड़क पर मिल गया। मुझे देखकर उसने सड़क के दूसरी तरफ से निकल जाना चाहा, परन्तु मैंने उसे आवाज देकर रोक लिया–

रजनी : विजय बाबू! ठहरिये, मुझे आपसे कुछ बात करनी है।

विजय : ओह, आप हैं, मिस शर्मा!...बहुत दिनों में देखा है, मैं तो पहचान ही नहीं पाया।

रजनी : हाँ, आपको पहचानने में दिक्कत हो सकती है। लेकिन मैंने आपको दूर से ही पहचान लिया था।

विजय : कहिये, आप कुशल से तो हैं?

रजनी : आप सचमुच जानना चाहते हैं?...एक दिन बताने के लिए आपके घर पर गयी थी, पर आप घर पर नहीं थे। आपकी धर्मपत्नी से मिलकर चली आयी थी।

विजय : (*खिसियाने स्वर में*) ओ! तो भेंट तो हो गयी आपकी उनसे?... मैं आपको किसी दिन उनसे मिलाने के लिए बुलाने की ही सोच रहा था। बात यूँ हुई कि इस बार जब मैं घर पर गया...तो।

रजनी : मैं बात सारी जान चुकी हूँ, विजय बाबू! आपसे तो मैं कह लेती, पर उस भोली लड़की को देखकर अब कुछ कहने का मेरा मुँह नहीं रहा। केवल अब आपसे छुट्टी लेना चाहूँगी। पता नहीं फिर आपसे भेंट हो सके या न हो सके। आप जिससे अपने अभाव भरने की बात किया करते थे, उसे आज अपने अतिरिक्त एक और जीव का भी भार मिल गया है...।

विजय : मिस शर्मा!

रजनी : इस तरह आँखें फैलाकर क्यों देख रहे हैं, विजय बाबू? रजनी शर्मा आपकी बहुत अच्छी तरह देखी हुई है। क्या आप बता सकते हैं कि उसके जीवन के साथ जो खिलवाड़ हुआ है, उसका वह आपसे क्या मूल्य प्राप्त करे?

विजय : मूल्य?...देखिये, आप मेरी स्थिति जानती हैं...मैं बड़ी कठिनाई से...।

रजनी : (*आवेशपूर्ण स्वर में*) आप क्या समझते हैं कि मैं आपसे पैसे के रूप में मूल्य माँग रही हूँ?...यह बात आप ही सोच सकते हैं, विजय बाबू!

विजय : पहले तो मुझे आपकी बात पर विश्वास नहीं होता। और अगर यह सच भी हो तो जितना मैं अपराधी हूँ, उतनी ही आप भी अपराधिनी हैं। (*गम्भीर होकर*) और मिस शर्मा इस बात का भी तो कोई प्रमाण नही है कि मैं ही आपकी इस स्थिति के लिए उत्तरदायी...।

रजनी : (*हिंस्र स्वर में*) चुप रहो। मैं चाहती तो यह सब तुम्हारे सामने आ जाता कि तुम उत्तरदायी हो या नहीं। तुम्हें क्या मूल्य चुकाना पड़ता, यह भी तुम जान जाते। परन्तु मैं निश्चय कर चुकी हूँ कि तुमसे कुछ नहीं कहूँगी। तुम्हारे लिए नहीं, उस लड़की के लिए...। अब तुम चले जाओ!

[अन्तराल और सितार का करुण स्वर। साथ ही रजनी के सिसकने का शब्द।]

रामचरण : बहुत बड़ा संकट है, बेटे! सचमुच बहुत बड़ा संकट है।...ऐसे संकट की स्थिति का सामना करने के लिए उतना बड़ा साहस भी चाहिए। तू साहस रख बेटे, सब-कुछ ठीक हो जाएगा। तेरी चिन्ताएँ अपने ऊपर लेने के लिए मैं जो हूँ।...मैं कल ही जाकर डॉक्टर खोसला से बात करूँगा।...डाक्टर खोसला तो अपने घर के-से ही आदमी हैं।... उनसे आगे किसी के कानों तक बात नहीं जाएगी।...मैं उनके पाँव पकड़ लूँगा कि जैसे भी हो मेरी बच्ची को इस मुसीबत से छुटकारा दिलाओ।...वह जरूर कोई-न-कोई उपाय करके इस सबका निपटारा...।

रजनी : नहीं, पिताजी, नहीं। यह सब नहीं होगा।...आप जो कहते हैं, मैं वह बात ध्यान में नहीं ला सकती। कभी नहीं, कभी भी नहीं।

रामचरण : (*जरा कठोर स्वर में*) रजनी! दिमाग खराब हो रहा है तेरा? तेरे आगे सारी जिन्दगी पड़ी है। तुझे अपनी जिन्दगी में पढ़ना-लिखना है, अपना घर बनाना है। अभी से तू जिन्दगी में घुन लगाकर बैठ जाएगी तो...।

रजनी : नहीं, पिताजी नहीं! पढ़ने-लिखने और घर बनाने का मोह इस जीव के मोह से बड़ा नहीं है। इस जीव के मोह में पड़कर ही मैंने इस स्थिति में अब तक अपने प्राणों की रक्षा की है।

रामचरण : रजनी!

रजनी : मैं जानती हूँ, पिताजी, आप कितने उदार हैं और आपकी उदारता मेरा कितना हित चाहती है। परन्तु...परन्तु मैं भी उसका हित चाहती हूँ, पिताजी! उसके लिए अपना दिल छोटा नहीं करना चाहती। परिस्थितियों की क्रूरता उसका अपराध तो नहीं है। वह तो फिर भी मेरे तन-मन का वैसा ही अंश है...।

रामचरण : मैं यह सब-कुछ समझता हूँ बेटे!...परन्तु जीवन का यथार्थ तेरी इस भावुकता की अपेक्षा कहीं बड़ा और कहीं रूखा है। हर समाज की कुछ लकीरें होती हैं, जिनसे वह हटते-हटते ही हटता है। अगर तुम एक ही दिन में उसे उसकी लकीरों से दूर ले जाना चाहो तो वह तुम्हें ठुकरा देता है। तूने अभी जिन्दगी देखी नहीं है।...और हर बात में मैंने जो तूने चाहा, वही किया है! पर आज बरसों के बाद मुझे आदेश देकर तुझसे कुछ कराना होगा। रजनी की माँ, इसे ऊपर ले जाओ और आराम से सुला दो। बहुत बातें की हैं इसने, इसलिए थक गयी है। मुझे कल जल्दी उठा देना। मैं सुबह-सुबह ही डॉक्टर खोसला के यहाँ इसे ले जाऊँगा...।

[अन्तराल में कुछ देर सस्पेंस का संगीत। बहुत दूर कुत्तों के भौंकने की ओर पहरेदार की 'जागते रहो' की आवाज।]

रजनी : (*आत्मगत*) नहीं, यह नहीं होगा, कभी नहीं होगा। कहते हैं, किसी भी जीव के लिए माँ बड़ी चीज होती है और मैं उस सत्य को झुठला दूँगी? कभी नहीं।...मैं इस गहरी रात में घर छोड़कर चली जाऊँगी।...परन्तु कहाँ? कहीं भी तो जा सकती हूँ, जहाँ ऐसी विवशता नहीं होगी।...घर से बिछुड़ने में कितनी पीड़ा होती है? घर की एक-एक चीज से कितना अपनापा हो जाता है।...परन्तु कोई उपाय भी तो नहीं है। घर छोड़ना ही होगा। सुनते हैं, लड़कियाँ ऐसी स्थिति में गंगा की शरण ले लेती हैं।...यह कैसी विडम्बना है? मृत्यु ही तो एकमात्र उपाय नहीं है। नहीं, मैं उस उपाय की शरण नहीं लूँगी। कभी नहीं। यूँ गंगा-तट पर जा सकूँ तो शायद वह जलधारा मेरे अन्तर को और पवित्र कर दे। माँ बहुत रोयेंगी।...परन्तु मेरा भी तो दिल रोता है। पत्र की ये पंक्तियाँ उन्हें और पिताजी को बता देंगी कि मैं जीवित्त हूँ, जीवित

रहूँगी। मेरे कारण से उन्हें जो दुख और ग्लानि होगी उसके लिए वे मुझे क्षमा कर देंगे, अवश्य कर देंगे। विदा दो, मेरी सोयी हुई माँ, सोये हुए पिता! अपने चरणों में मेरा नमस्कार स्वीकार करो...।

[दरवाजे के खुलने और बन्द होने का शब्द। सीढ़ियों पर हलकी-हलकी पैरों की आवाज। फिर एक दरवाजे के चिरमिराने का शब्द। कुत्तों के भौंकने और पहरेदार की आवाजें पास आ जाती हैं।

अन्तराल संगीत

एक गाड़ी के स्टेशन पर आकर रुकने का शब्द और प्लेटफॉर्म की आवाजें : 'पान-बीड़ी सिगरेट!' 'चिया गरेम!' 'पूरी, गरम पूरी!' 'अखबार पढ़िये, अखबार!' इत्यादि।

फिर बहुत-सी मिली-जुली आवाजें :

–जय गंगा मैया की!

–कहाँ के वासी, बाबूजी, कहाँ के वासी?

–भगतजी, जय गंगा मैया की!...भगतजी, कहाँ के वासी?

–भगतजी, बिस्वेस्वर की धरमसाला में चलोगे?

–माईजी, जयगंगा मैया की!

फेड आउट।

विलोचन : अरे, त्रिलोचन भाई, कोई जजमान हाथ नहीं लगा?

त्रिलोचन : जजमान की भली कही, विलोचन भाई! आज के काल में भगवान चाहे मिल जायें, पर जजमान का मिलना बहुत कठिन हो गया है। तीन दिन से त्रिलोचन के तीनों लोचन इसी काम में लगे हैं, पर नहीं।

विलोचन : अच्छा तो तू दक्षिण की ओर देख।

त्रिलोचन : क्यों?

विलोचन : अरे, देख तो सही।

त्रिलोचन : यह ले, देख लिया। गाड़ी का इंजन धुआँ छोड़ रहा है।

विलोचन : अब दक्षिण से दक्षिण की ओर देख।

त्रिलोचन : क्यों?

विलोचन : अरे, देख तो सही।

त्रिलोचन : देख लिया। मालगाड़ी में लादने की टोकरियाँ पड़ी हैं।

विलोचन : और कुछ नहीं है?

त्रिलोचन : है। एक बिलाव दूध के कुल्हड़ में मुँह मार रहा है।

विलोचन : और बिलाव से साढ़े तीन हाथ दूर?

त्रिलोचन : साढ़े तीन हाथ? दो और एक तीन और आधा साढ़े तीन...ए! वहाँ तो एक लड़की खड़ी है। ब्राह्मण होकर लड़की को देखता है? छिः छिः!

विलोचन : अरे, ब्राह्मण लड़की को लड़की के रूप में नहीं देखता।

त्रिलोचन : तो किस रूप में देखता है?

विलोचन : भगवान की माया के रूप में।

त्रिलोचन : क्या कहा?

विलोचन : अरे, कहा कि भगवान की माया के रूप में। अब बता कि यह भगवान की माया है कि नहीं, वह लड़की गाड़ी से उतरकर वहाँ अकेली खड़ी है। उसके साथ माँ-बाप-भाई या पति परमेसर कोई नहीं है, कोई और पंडा उसके पास नहीं गया है, यहाँ तक कि तेरी भी दृष्टि उस पर नहीं पड़ी। दृष्टि पड़ी तो केवल विलोचन पंडा की। इसलिए विलोचन पंडा उससे बात करने जाता है। नमस्कार।

त्रिलोचन : अरे विलोचन भाई, सुन तो सही...।

विलोचन : भाई, तुझे नमस्कार कह चुके हैं। नमस्कार के बाद कोई बात नहीं की जाती। (*क्षण-भर का व्यवधान।*)

: (*जरा-जरा खाँसकर*) अ...अ...देखिये बहनजी, धृष्टता क्षमा कीजिए ...आप...अ...अ...यहाँ गंगा मैया के दर्शन करने के लिए आयी हैं?

रजनी : जी, मैं यहाँ कुछ दिन रहने के लिए आयी हूँ। किसी धर्मशाला में रहूँगी, या...।

विलोचन : अहा-हा-हा! बहुत सुन्दर-सुन्दर धर्मशालाएँ हैं यहाँ पे? विस्वेस्वर जी की धरमशाला है, तारकेस्वर जी की धरमसाला है, महावलेस्वर जी की धरमसाला है।...परन्तु धरमसाला में आप...अ...अ...मेरा मतलब है कि धरमसाला में आप क्या अकेली ही रहेंगी या...?

रजनी : जी, मुझे अकेली रहने में डर नहीं लगता। देखूँगी, धर्मशाला में सुविधा न हुए तो किसी छोटे-मोटे होटल में...।

विलोचन : शिव शिव शिव! गंगा मैया के तट का वास और होटल में? यूँ आप जिस धरमसाला में कहें, वहाँ आपका प्रबन्ध करा दूँ। पर क्योंकि आप अकेली हैं इसलिए किसी घर-परिवार के साथ रहें तो अधिक अच्छा है। मेरा नाम विलोचन पंडा है। गंगा तट पर ही मेरा घर है। आपकी सेवा के लिए मेरी पत्नी है, बहन है। और सब जन जानते हैं कि जितने सस्ते में विलोचन पंडा गोदान, पिंडदान कराता है, कोई पंडा नहीं कराता। घर बैठे नित्यप्रति गंगाजी की आरती देखिये।...सामान बस इतना ही है या और भी है?

रजनी : सामान? कुछ भी नहीं है, बस यही है।

विलोचन : (*निराश स्वर में*) हूँ!...अ...और आपके खान-पान का साधन?

रजनी : उसकी चिन्ता मत कीजिए। मेरे पास इतना कुछ है कि मैं उससे यहाँ तीन-चार महीने रह सकती हूँ।

विलोचन : शुभ बात है। तो पहले धरमसाला ले चलूँ या पहले घर दिखा दूँ...?

रजनी : चलिये, पहले घर ही देख लूँ।

[अन्तराल संगीत।]

: गंगा की बहती धारा को देखकर मन-प्राण पुलकित हो उठते हैं। इतना शुभ्र आकाश है! इतना निर्मल पानी है! और दूर-दूर तक इतना कोमल हरियाली का विस्तार है! कभी-कभी मेघ घिरते हैं और आकाश को धूमिल कर देते हैं। मेंह का पानी गंगाजल को गँदला कर देता है। हरियाली के प्रदेश कीचड़ से भर जाते हैं। परन्तु बाद में सब-कुछ और निखर जाता है। जीवन में भी कभी बादल घिर आते हैं, मेंह बरसता है, कभी कीचड़ हो जाता है...और उसके बाद? उसके बाद फिर सब-कुछ निर्मल हो जाना चाहिए...। धरती तो सदा कुमारी है। उसे मैला करके देखने वाली आँख ही तो मैली होती है। पर ज्यों-ज्यों दिन पास आते जाते हैं, मन में हलका-हलका भय-सा घिरा जाता है। आस-पास लोगों की दृष्टियों में सन्देह के बीज फूटने लगे हैं। विलोचन पंडा भला आदमी है। पर उतना ही डरपोक भी है। और उसकी पत्नी...।

[सितार के तारों का हलका कम्पन]

राधिका : न भइया, न? हमसे रोज-रोज लोगों की बात नहीं सुनी जाती। कोई कहे कि विलोचन पंडा की सगी बहन है और कहीं से पाप का पेट ले आयी है। कोई कहे है कि विलोचन पंडा ऐसा-वैसा रोजगार करता है। अब हम रात-दिन कथा-कीर्तन में बैठनेवाली, किस-किस का मुँह पकड़ें? किस-किस को जवाब दें? सौ-सौ बात की एक बात, तुमसे जहाँ बने, तुम अपना प्रबन्ध कर लो। हमारे घर में अब तुम्हारा ठिकाना नहीं है। हमें इतनी जगह अपने लिए भी तंग पड़ती है।

रजनी : मैं जानती हूँ, राधिका बहन! दो महीने से तुम्हारे पास रह रही हूँ, तुम्हारा उपकार क्या कभी भूल सकती हूँ? पर देखो, जहाँ तुमने इतने दिन मेरे कारण से सब-कुछ सहा है वहाँ कुछ दिन और सह लो। मैं एक दिन के लिए भी तुम पर अपना बोझ न डालती, पर देख रही हो कि कहीं इधर-उधर जाने की स्थिति में अब मैं नहीं हूँ...।

राधिका : न भइया, न! मेरा छः बच्चों का परिवार है। ऐसी बदनामी से तो पहले ही इनकी पंडा-वृत्ति खराब हो रही है। जिसके घर में ऐसा अधरम हो रहा हो, उससे लोग धरम का कारज क्यों करायेंगे?

रजनी : तुम मुझे इतनी गिरी हुई क्यों समझती हो, बहन?...मेरी कुछ परिस्थितियाँ हैं, जो मुझे यहाँ ले आयी हैं। नहीं तो...।

राधिका : ऐसी ही सतवन्ती हो तो क्यों नहीं अपने घरवालों को तीन पैसे का कारड लिखकर बुला लेतीं? तुम्हारे घरवाले आ जायें तो हमारे या किसी के कहने की कोई बात नहीं रह जाती। पर आगे-पीछे कोई हो तो...।

रजनी : ऐसी बात न कहो, राधिका बहन!...मेरे कारण घरवालों की क्या दशा हो रही होगी, उसका अनुमान मैं ही लगा सकती हूँ। फिर भी मैं उन्हें अपनी सूचना नहीं दे सकती। केवल कुछ दिनों की ही तो बात है। उतने दिन मुझे यहाँ काट लेने दो, बहन! उसके बाद मैं स्वयं ही...।

राधिका : अजी, सुन रहे हो?

विलोचन : (*दूर से*) अभी आ रहा हूँ, राजीव की माँ! जरा सन्ध्या-वन्दन कर लूँ।

राधिका : तुम अपना सन्ध्या-वन्दन करते रहना, घर का चाहे सत्यानाश हो जाये! मैं कहती हूँ, पहले इधर आओ!

विलोचन : (*आता हुआ*) आया, आया, महादेवी! कहो, क्या आज्ञा है?

राधिका : मुझसे कहते थे कि मैं उससे नहीं कह सकता तुम कह दो, सो मैंने कह दिया है। आज और कल में ये देवीजी अपने लिए दूसरा ठौर देख लें। कल संझा तक ये यहाँ से नहीं गयीं तो मैं जाकर गंगा में कूद जाऊँगी ...ऐसा पाप मुझसे अपने घर में नहीं देखा जाता।

विलोचन : नहीं, नहीं, नहीं! वह बेचारी क्या कहती है कि मैं नहीं जाती? तुम कह रही हो तो वह चली ही जाएगी।

रजनी : मैं कुछ दिनों के लिए तुमसे और दया चाहती हूँ, विलोचन भैया! जाने कौन-सी प्रेरणा से तुम मुझे अपने घर ले आये थे। आज मुझे इस अवस्था में घर से निकाल दोगे?

विलोचन : नहीं, नहीं, नहीं! मैंने तुमसे निकलने के लिए कब कहा है? मैं तो...।

राधिका : देख, यह 'मैं तो वैं तो' आज नहीं चलने दूँगी। तुम जाओ और जाकर अपना सन्ध्या-वन्दन करो। ये देवीजी कल संझा के बाद यहाँ नहीं रहेंगी।

[सितार का अत्यन्त करुण स्वर।]

चम्पा : (*दबे हुए स्वर में*) रजनी बहन! रजनी बहन1

रजनी : आ चम्पा!

चम्पा : क्या कह रही थी तुमसे भाभी कि घर छोड़कर चली जाओ?

रजनी : हाँ, चम्पा! तुम्हारी भाभी ने कहा है कि कल सन्ध्या तक मैं यहाँ से चली जाऊँ?

चम्पा : और तुमने क्या सोचा है?

रजनी : मेरे सोचने का इसमें क्या है, चम्पा?...तुम्हारी भाभी का घर है, वे नहीं चाहती तो मैं किस अधिकार से यहाँ रह सकती हूँ?

चम्पा : तो तुम कल कहाँ जाओगी?

रजनी : यही जानती तो क्या बात थी? यह तो यहाँ से निकलकर ही सोचना होगा कि कहाँ जाऊँगी। और नहीं तो गंगा मैया की शरण तो है ही।

चम्पा : न, न, बहन! तुम ऐसी बात मत सोचो। (*और भी दबे स्वर में*) कहो, मैं कहीं तुम्हारा प्रबन्ध कर दूँ...?

रजनी : तुम? तुम मेरा कहाँ प्रबन्ध कर दोगी, चम्पा? तुम तो आप यहाँ अपने भैया और भाभी पर निर्भर हो।

चम्पा : अरी रजनी बहन, तुमसे काहे का संकोच? तुम हमको सिर्फ घर में ही घुसकर बैठनेवाली मत समझो (*कुछ रसिकतापूर्ण स्वर में*) हमने भी तुम्हारी तरह दुनिया देखी है। (*जरा हँसकर*) रात को गंगाजी की आरती पर जाते हैं कि नहीं?...मेरी जान-पहचान के एक वह हैं। कहो तो मैं तुम्हें उनके घर में रखवा दूँ!...बस अपने जैसे एक ही हैं वह!

रजनी : कौन हैं वह?

चम्पा : तुमसे कहा न कि मेरी जान-पहचान के हैं। तुम्हें फूल की तरह सँभालकर रखेंगे। उन्होंने कितनी ही बार तुम्हें गंगा-तट पर देखा है। मुझसे कहते थे कि तू एक बार उसे ले आ...।

रजनी : (*भर्त्सनापूर्ण स्वर में*) चम्पा।

चम्पा : इस झंझट से छूटने के बाद तुमको वे ऐसे सुख से रखेंगे...।

रजनी : चम्पा!...ईश्वर के लिए तुम यहाँ से चली जाओ। मैं तुम्हें अपनी छोटी बहन की तरह समझती हूँ। तुम्हारे मुँह से ऐसी अपवित्र बातें...!

[चम्पा व्यंग्यपूर्ण हँसी हँसती है।]

चम्पा : मेरी बातें आपको अपवित्र लगती हैं? और अपनी करनी...? (*फिर हँसकर*) मान गये तुम्हें? हमारी बला से!...हम तो तुम्हारे ही हित के लिए कह रहे थे। तुम्हारा मन दर-दर की ठोकरें खाने को करता है तो तुम जानो! हमारे दिल में रह जाती, इसलिए हमने कह दी।

ममता कालिया

ममता कालिया का जन्म सन् 1940 में उत्तर प्रदेश के वृन्दावन में हुआ। सन् 1960 से लगातार लेखन में सक्रिय रही हैं। कविता से आरम्भ कर कहानी, उपन्यास और नाटक में भी प्रयोग किये। आजीविका के लिए दिल्ली तथा एस.एन.डी.टी. मुम्बई के महाविद्यालयों में अंग्रेजी की प्राध्यापिका रहीं। सन् 1973 से सन् 2001 तक इलाहाबाद के एक डिग्री कॉलेज में प्राचार्या रहीं। अन्ततः पूर्णकालिक रचनाकार।

पुरस्कार व सम्मान : उ.प्र. हिन्दी संस्थान का महादेवी स्मृति पुरस्कार एवं यशपाल स्मृति सम्मान। अभिनव भारती कलकत्ता का रचना सम्मान। सावित्री बाई फुले सम्मान। हिन्दी साहित्य परिषद सम्मान। हिन्दी साहित्य सम्मेलन का अमृत सम्मान।

रचनाएँ : बेघर, नरक दर नरक, प्रेम कहानी, लड़कियाँ, एक पत्नी के नोट्स, दौड़ (उपन्यास)। ममता कालिया की कहानियाँ (कहानी संग्रह)।

'Tribute to Papa and other poems', 'Poems 78' (अंग्रेजी काव्य-संग्रह) तथा 'कितने प्रश्न करूँ' (काव्य संग्रह)।

'यहाँ रोना मना है', 'आप न बदलेंगे' एकांकी संग्रह। अनेक राष्ट्रीय-अन्तरराष्ट्रीय काव्य तथा कहानी संकलनों में रचनाएँ प्रकाशित। अब महात्मा गाँधी अन्तरराष्ट्रीय हिन्दी विश्वविद्यालय, वर्धा की अंग्रेजी पत्रिका 'Hindi' की सम्पादक हैं।

जान से प्यारे

प्रस्तुत एकांकी में ममता कालिया ने आधुनिक युग में गिरी हुयी नैतिकता तथा टूटते हुई सम्बन्धों पर करारा प्रहार किया है। वर्तमान समाज में व्यक्ति अत्यधिक स्वकेंद्रित होता हुआ दिखाई देता है। जिसके कारण सम्बन्धों की सहजता और आत्मीयता का लगातार अवमूल्यन हो रहा है। सम्बन्धों की ऊष्मा खत्म होती जा रही है। लेखिका ने फन्तासी शैली में एकांकी का आरम्भ कर उसे यथार्थवादी विश्लेषण

से जोड़ा है।

इस एकांकी का पात्र डॉ. कौशिक एक ऐसी दवा का आविष्कार करते हैं जिससे मरे हुए व्यक्ति में प्राण लौट सकते हैं। जब वे ऐसे दुखी परिवारों में पहुँचते हैं जहाँ मृतक को फिर से जीवित किया जा सकता है लेकिन उन्हें यह जानकर दुख होता है कि उस परिवार के किसी भी सदस्य को उनकी संजीवनी की आवश्यकता नहीं है। हर जगह वे आत्मकेंद्रित होते हुए सम्बन्धों को देखते हैं। आश्चर्य की बात यह है कि हर जगह मृतक के नाम पर आँसू बहाने, उसका गुणगान करने और उसे याद करने का पूरा ढोंग किया जाता है। अन्ततः डॉ. कौशिक समझ जाते हैं कि मौत से अधिक क्रूर जीवन है और जीवन से भी क्रूर है मनुष्य।

इस एकांकी में व्यंग्य के माध्यम से रचनाकार ने वर्तमान समाज की वास्तविकता को चित्रित किया है।

जान से प्यारे

•

ममला कालिया

पात्र

डॉ. कौशिक	किशन
अविनाश	नवयुवक
पुरुष 1, 2	गिरिजा
पत्नी 1, 2	नवयुवती
छोटू	पति

[जिस समय मंच पर प्रकाश होता है, नौजवान वैज्ञानिक डॉ. कौशिक अपनी प्रयोगशाला में परीक्षण कर रहा है। उसके आस-पास माइक्रोस्कोप, परखनली, बीकर और जार नजर आ रहे हैं। उसका सहयोगी अविनाश भी उसके साथ-साथ लगा हुआ है। एकाएक डॉ. कौशिक के चेहरे पर खुशी और उत्तेजना आती है।]

डॉ. कौशिक : यूरेका, मैंने ढूँढ़ लिया, मैंने ढूँढ़ लिया। तुमने देखा अविनाश कैसे वह मरा हुआ कॉक्रोच उस घोल को डालने से अभी-अभी जिन्दा होकर चल दिया।

अविनाश : (*शंका से*) शायद वह कॉक्रोच अभी पूरी तरह मरा नहीं था।

डॉ. कौशिक : (*उसी जोश में*) तुम्हें पता है उसे मरे हुए छः घंटे हो चुके थे।

अविनाश : (*माथे का पसीना पोंछते हुए*) बड़ी बेढब चीज है कॉकोच। आप उसे चप्पल से कुचल दें, संड़सी से दबा दें, पहाड़ से गिरा दें समुन्दर में डुबो दें, वह थोड़ी देर साँस लेकर फिर चल देगा। इन बातों का कोई वैज्ञानिक आधार नहीं है।

डॉ. कौशिक : तुम क्यों नहीं मानना चाहते कि मेरे हाथ वह नुस्खा आ गया है जिससे मरा हुआ जीव जी उठे। (*डॉ. कौशिक खुश होकर कुर्सी से उठता है।*) हा, हा, हा, अब मैं जितना चाहूँ यह सॉल्यूशन बनाकर निर्जीव प्राणियों को नया जीवन दे सकता हूँ।

अविनाश : (*सन्देह से*) पर कौन चाहेगा आपका यह नुस्खा?

डॉ. कौशिक : तुम पूछते हो कौन? मैं कहता हूँ कौन नहीं चाहेगा, अविनाश। जिसके घर कोई मर जाता है वहाँ कैसे टूट जाते हैं लोग, बिखर जाता है नीड़। मैं पीड़ा से कराहती मानवता के लिए जीवन सन्देश लाऊँगा।

अविनाश : (Cynically) आप मृत्यु को चुनौती देंगे, जीवन और मृत्यु तो ध्रुव सत्य हैं।

डॉ. कौशिक : जीवन है लेकिन मृत्यु नहीं यह मैंने अपने इस कम्पाउंड से सिद्ध कर दिया है।

[पास ही अखबार पड़ा है। डॉ. कौशिक उसे उठाकर पन्ने पलटता है और चौथा पृष्ठ खोलकर अविनाश के आगे रख देता है।]

डॉ. कौशिक : यह देखो, रोज कितने हैं जिनके घर पर कोई न कोई मर जाता है, कोई बीमारी से, कोई दुर्घटना से, कोई यों ही। कितने लोगों को ये रोते-बिलखते छोड़ जाते हैं। इनके घरवालों द्वारा दिये शोक-समाचार पढ़ कलेजा मुँह को आता है, मैं इन सबके दुख दूर करूँगा।

[अविनाश के चेहरे पर मन्द, व्यंग्यपूर्ण मुस्कान है। डॉ. कौशिक अपनी बात खत्म कर मुड़ते हैं तो वह उनकी पीठ पीछे कन्धे उचका देता है।]

[अगला दिन। घड़ी सुबह के नौ बजा रही है। डॉ. कौशिक के हाथ में अखबार है। चौथे पृष्ठ पर कई जगह वे निशान लगाते हैं। जिन जगहों पर कोई-न-कोई मर गया है जिसके परिवार ने अखबार में शोक-समाचार प्रकाशित किया है।

डॉ. कौशिक दवाओं का ब्रीफकेस स्कूटर में रखते हैं। इस बीच अविनाश भी आ जाता है।]

डॉ. कौशिक : तो चलें?

अविनाश : (*बुझे स्वर में*) चलिए, लेकिन...

डॉ. कौशिक : आज सुहानी सुबह है और हम एक महान काम पर निकल रहे हैं, अविनाश। अपना यह लेकिन-वेकिन, यहीं घर छोड़ चलो।

[दोनों स्कूटर पर जाते हैं, दो-चार मोड़ घूमने के बाद वे जिस कॉलोनी में आते हैं उसके साइन बोर्ड पर लिखा है 'भावना नगर'। एक लम्बी सड़क के अन्तिम छोर पर वे एक ऐसे मकान पर रुकते हैं जहाँ काफी भीड़ लगी है। सभी के चेहरे शोकमग्न हैं। लोग मृतक के गुणों का बखान करते हुए उसकी मृत्यु पर अफसोस प्रकट कर रहे हैं। कमरे के अन्दर का दृश्य।]

एक पुरुष : हाय, जब तक पिताजी थे, मुझे घर की कोई फिक्र नहीं थी। महीने में बीस-बीस दिन मैं दौरे पर रहता था, उन्हीं के भरोसे।

दूसरा पुरुष : पिताजी तो महापुरुष थे। मैं इतना बड़ा हो गया फिर भी मुझे बच्चा मानते थे। अभी पिछले साल यह घड़ी उन्होंने मेरी सालगिरह पर दी थी।

घर की एक बहू : हाय, मैंने इन्हें पिताजी से बढ़कर समझा। मैं तो इन्हें नाश्ते में दो अंडे देती थी।

दूसरी बहू : हाय, ये मनुष्य नहीं देवता थे। इनके बिना हम कैसे जियेंगे।

[डॉ. कौशिक मृतक के बेटों को एक तरफ ले जाकर बड़ी उमंग से अपनी खोज के बारे में बताते हैं।]

डॉ. कौशिक : यकीन मानिये, मैंने ऐसा फॉर्मूला ढूँढ़ निकाला है कि मैं आपके पूज्य पिताजी को जीवित कर सकता हूँ।

[दोनों बेटे एक हक्का-बक्का अन्दाज में एक-दूसरे को ताकते खड़े हो जाते हैं। कभी वे डॉ. कौशिक को देखते हैं, कभी एक-दूसरे को। तभी उनकी पत्नियाँ भी आ जाती हैं।]

दोनों पत्नियाँ एक साथ : क्यों जी, ऐसे क्यों खड़े हो, सारा काम पड़ा है।

दोनों बेटे : ये कहते हैं...

पत्नियाँ : (*सशकित*) क्या कहते हैं?

डॉ. कौशिक : मुझसे आप लोगों का दुख देखा नहीं जा रहा। आज सुबह ही अखबार में मैंने यह शोक समाचार पढ़ा जो आपने दिया था। हाल ही में मैंने एक ऐसा फॉर्मूला ढूँढ़ निकाला है जिससे पिता जी को नयी जिन्दगी मिल सकती है।

एक पत्नी : ना बाबा, जाने क्या कीमत माँग बैठें आप।

डॉ. कौशिक : इसके बदले, मैं आपसे कौड़ी भी न लूँगा। इसकी कामयाबी ही इसकी कीमत है।

पहला बेटा : (*कुछ दबे स्वर में अपने भाई से*) पिताजी का वसीयतनामा देख लिया। कोई कसर तो नहीं है उसमें?

दूसरा बेटा : (*सन्तुष्ट आवाज*) वह मैंने पहले ही देख लिया है, वसीयतनामा दुरुस्त है।

पहला बेटा : लेन-देन निपटा गये हैं?

दूसरा बेटा : (*तसल्ली से*) सब निपटा गये हैं।

पहला बेटा : फिर क्या...?

[दोनों लड़के डॉ. कौशिक की तरफ मुखातिब होते हैं। उनकी पत्नियाँ उग्र विरोध से डॉ. कौशिक को देख रही हैं।]

पहला बेटा : ऐसा है डॉक्टर साहब, आपकी बात मानकर हमें बड़ा हर्ष होता लेकिन आप जानते हैं, बड़ा नाजुक मसला है। दोनों छोटे भाई विदेश में हैं, उन्हें केबिल किया हुआ है। वे आकर कितना बिगड़ेंगे। उनके हजारों डॉलर मिट्टी में मिल जायेंगे।

दूसरा बेटा : (*बनावटी लहजा*) आप भी साहब अजीब हैं। इधर हमें सारा इन्तजाम करना है, देर हो रही है, उधर आप एक नया शगूफा लेकर आ गये हैं।

[तभी सोलह साल का एक लड़का बाहर से आकर उत्तेजित आवाज में कहता है।]

छोटू : पापा, पापा गेंदे के फूल ले आया है। फूलवाले को दो सौ रुपये दे दीजिए।

[तभी एक ट्रक आकर घर के सामने खड़ा होता है। उसमें से घर का एक सदस्य अन्दर आता है।]

किशन : सुरेश, बड़ी मुश्किल से ट्रक का इन्तज़ाम किया है। इस काम के लिए कोई गाड़ी देता ही न था। सारे ट्रक आजकल छात्रों के चुनाव में रोक रखे हैं। बड़ी मेहनत के बाद यह ग्यारह सौ पर मिला है। आधा पैसा एडवान्स दिया, तब कहीं आया है ट्रक।

एक अन्य आदमी : (*बाहर से आकर*) आपने आज अखबार में किराये पर कमरा देने का जो इश्तेहार दिया है, उसी सिलसिले में आया हूँ।

[दोनों भाई कौशिक की ओर और फिर समस्त इन्तजाम की ओर एक उलझन भरी नजर डालते हैं। 'क्या करें' जैसी भंगिमा बनाकर सिर पर हाथ रख लेते हैं। तभी कुछ और मेहमान अन्दर घुसते हैं और एक बार फिर 'हाय पिताजी',

'हाय पिताजी', विलाप शुरू हो जाता है। बड़ा लड़का हाथ जोड़कर डॉ. कौशिक को स्कूटर तक पहुँचा आता है।]

बड़ा लड़का : जो हम पर पड़ी है, भुगत लेंगे डॉक्टर साहब। आप क्यों पड़े इस चक्कर में। नमस्ते।

[लड़का तेजी से वापस कमरे में चला जाता है। डॉ. कौशिक अबूझ से उसी दिशा में देखते रहते हैं। अविनाश उनके कन्धे पर ऐसे स्पर्श करता है जैसे दरवाजा खटखटा रहा हो।]

अविनाश : अब कहाँ जाना है बताइए, देर हो रही है।

[डॉ. कौशिक अखबार देखकर कहते हैं 'आस्था नगर'। अविनाश स्कूटर स्टार्ट करता है। काफी दूर चलने के बाद, मकानों के नम्बर पढ़ते-पढ़ते वे सही पते पर पहुँचते हैं। मकान के अन्दर-बाहर सफेद कपड़ों में बहुत से स्त्री-पुरुष नजर आते हैं। बरामदे में मृत औरत का शव ले जाए जाने की तैयारी है। घर की बहू अपनी बाँह पर तीन-चार भारी, जरी की साड़ियाँ लिये खड़ी है और बड़ी-बूढ़ियों में सलाह चल रही है, कौन-सी साड़ी मृतका पर चढ़ाई जाए। अन्त में सबकी सलाह पर एक हलकी पुरानी जरीदार साड़ी से शव ढाँप दिया जाता है।]

[शव के पैरों के पास ही एक नवयुवक गमगीन बैठा है। डॉ. कौशिक उसे अलग आने का इशारा करते हैं। डॉ. कौशिक फुर्ती से ब्रीफकेस खोल एक शीशी उस नवयुवक को दिखाते हैं और हावभाव से बताते हैं कि वे क्या कर सकते हैं। नवयुवक के चेहरे पर आह्लाद, उत्तेजना और अविश्वास के चिह्न आते हैं। वह तुरन्त पत्नी को आवाज देता है 'गिरिजा, गिरिजा सुना तो'।]

[गिरिजा के हाथ पर अभी भी साड़ियाँ लटकी हैं। आकर वह प्रश्नवाचक निगाह से दोनों को देखती है।]

[नवयुवक जल्दी-जल्दी उसे समझाता है।]

नवयुवक : अम्मा फिर से जी सकती हैं, ये डॉक्टर साहब का कहना है, इनके पास ऐसी दवाई....

[गिरिजा सीधे डॉ. कौशिक को कुछ ऐसी आक्रामकता से देखती है कि वे दो कदम पीछे हट जाते हैं। फिर गिरिजा एक गहरी चिढ़ से अपने पति की ओर देखती है वह सहमकर वहाँ से हट जाता है। गिरिजा के होंठ निर्णायक वक्रता ले लेते हैं।

अब वह बोलती है, एक ठंडी, निश्चयात्मक आवाज में जिसमें आँसू का कोई गीलापन नहीं है।]

गिरिजा : (*कटखनेपन से*) क्या आपको पता है माँ जी किस जानलेवा बीमारी से तड़प-तड़पकर गुजरी हैं। आज पाँच साल बाद वह पहली बार चैन से सो रही हैं। नहीं तो इन सालों में सारी-सारी रात खाँस-खाँसकर इन्होंने अपना और मेरा जीना हराम किये रखा। इतने साल सोते-जागते, आठों पहर इनकी सेवा आखिर किसने की? मैंने! इस बीच घर के सब लोग किसी-न-किसी बहाने भागते रहे, कभी दफ्तर, कभी कॉलेज, कभी बाजार। एक मैं ही थी जो इस पिछवाड़े के कमरे में घुटी रही तीमारदारी के लिए। बाकी बहुएँ तो अभी आएँगी, एकाध घंटे हाय-हाय करेंगी और उनके बक्से टटोलने लग जाएगी। मैं ही हूँ जो सारी जिम्मेदारी निभाती हूँ। माँ जी को आप जीवन देने आये हैं या मुझे मौत!

[नवयुवक एक क्षण बड़ी हताशा से अपनी पत्नी की ओर देखता है, फिर डॉ. कौशिक को ठेलता हुआ-सा बाहर ले जाता है। स्कूटर के पास अविनाश खड़ा है जो शक्ल से ही डॉ. की निराशा समझ जाता है।]

नवयुवक : जाने दीजिए डॉ. साहब। मेरी बीवी बड़ी लड़ाका है, इससे नहीं भिड़ें; तभी अच्छा है।

[नवयुवक अन्दर चला जाता है।]

[डॉ. कौशिक पस्ती से अपना ब्रीफकेस स्कूटर की टोकरी में डालता है। अविनाश तसल्ली देने के लिए डॉक्टर का कन्धा थपथपाता है।]

अविनाश : आपने तीसरा निशाना लगाया है मुहब्बत नगर पर। यह बी उनतीस में चलते हैं।

[स्कूटर चल देता है। कई मोड़ मुड़कर साइन बोर्ड दिखता है 'मुहब्बत नगर' स्कूटर बी-29 के आगे खड़ा होता है। फ्लैट के बाहर बड़ा मनहूस-सा सन्नाटा है। तीन-चार लोग एक जीप को चारों ओर सफेद कपड़े से ढँक रहे हैं। हिम्मत कर डॉ. कौशिक मकान के अन्दर दाखिल होते हैं। कमरे में सफेद वस्त्रों में पन्द्रह-बीस स्त्रियाँ बैठी हैं। उनके बीच एक नवयुवती एकदम काले वस्त्रों में सिर झुकाये सिसक रही है। उसने आँखों पर आँचल रखा हुआ है। कमरे की दीवार पर मृतक

की फोटो लटकी है। जिस पर फूलों का हार चढ़ाया हुआ है। हृदय-विदारक दृश्य।]

डॉ. कौशिक : मैं कैप्टन शर्मा की विधवा से बात करना चाहता हूँ।

[नवयुवती होश करती है। धीरे-धीरे भीड़ से उठकर डॉ. कौशिक की तरफ आती है। बहुत रो लेने के बाद उसकी आँखें बड़ी उदास और भीगी लग रही हैं।]

डॉ. कौशिक : मैंने आज सुबह अखबार में आप द्वारा दिया शोक समाचार पढ़ा तो मैं हिल उठा। मैं आपके लिए जीवन का नया सन्देश लाया हूँ। आप इस खुशखबरी को पाकर झूम उठेंगी।

[नवयुवती प्रश्नवाचक दृष्टि से डॉ. कौशिक को देखती है। एक जिज्ञासु औरत अगरबत्तियाँ जलाने के बहाने उन दोनों की तरफ आ गयी है। नवयुवती उसकी ओर सतर्कता से देखती है।]

नवयुवती : कमला जाओ साहब के लिए पानी लाओ।

डॉ. कौशिक : धन्यवाद! क्या आप दोनों में बेहद प्रेम था।

नवयुवती : (*आँखें मूँदकर*) बेहद! अगर उन्हें कहीं बाहर जाना पड़ता था तो मिनट-मिनट पर फोन कर मेरा हाल पूछते थे। और तो और मुझे गुसलखाने में भी देर लग जाए तो वे गवारा नहीं करते थे।

डॉ. कौशिक : कैसे हुआ यह सर्वनाश!

नवयुवती : एयरक्रैश!

डॉ. कौशिक : ओफ!

[एक क्षण सन्नाटा! फिर अपनी आवाज में सायास उत्साह भर डॉ. कौशिक कहते हैं।]

डॉ. कौशिक : लेकिन अब आपको अपना जीवन अकेले नहीं गुजारना पड़ेगा। मैं आपके पति को फिर से जीवन दे सकता हूँ, मैं इसीलिए आया हूँ।

[नवयुवती का चेहरा कुछ विकृत हो जाता है। सख्त आकृति]

नवयुवती : क्या!

डॉ. कौशिक : मैंने एक ऐसा मिक्सचर तैयार किया है जिससे मरा हुआ इनसान जी सकता है।

नवयुवती : (*कठिन स्वर*) और मैं समझे बैठी थी कि आप बीमा कम्पनी से आये हैं। चले जाइये यहाँ से। आप सोचते हैं मैं आप जैसे धूर्त लोगों से, अपने शेखर की पवित्र काया दूषित करवाऊँगी!

[नवयुवती की तीखी आवाज और तमतमाये चेहरे से सहमकर

डॉ. कौशिक बाहर को भागता है। हड़बड़ी में ब्रीफकेस भूलने लगता है, उसे लेने मुड़ता है। नवयुवती फिर घुड़कती है, 'गये नहीं आप?']

डॉ. कौशिक : जाता हूँ, जाता हूँ।

[बाहर आकर डॉ. कौशिक माथे से पसीना पोंछता है। अविनाश हमदर्दी से उसकी ओर देखता है।]

अविनाश : छोड़िए डॉक्टर! आप भी किन तिलों में तेल तलाश रहे हैं। पैसे से बड़ा महबूब नहीं।

डॉ. कौशिक : जिन्दगी जिन्दाबाद। एक पता बाकी है, चलेंगे। क्या पता वहाँ कोई हो जिसे सचमुच कोई जान से प्यारा हो।

[स्कूटर चल पड़ता है। जल्द ही एक साइनबोर्ड दिखाई देता है 'इबादत नगर' बस्ती में एक मकान में बरामदे में छोटी-सी भीड़। बड़ी कमसिन नववधू मर गयी है। उसका पति अपने सीने पर हाथ मार-मारकर विलाप कर रहा है 'हाय कम्मो तू कहाँ चली गयी? तुझे क्या हो गया कम्मो?']

[कई बुजुर्ग और हमउम्र लोग उसे दिलासा दे रहे हैं।]

[मृत लड़की की सास रोती है 'हाय मेरी सोने-सी बहू कहाँ चली गयी?']

[डॉ. कौशिक सहानुभूति से युवा विधुर के कन्धे पर हाथ रख कर उसे अन्दर कमरे में आने का इशारा करता है।]

डॉ. कौशिक : आपका दुःख वाकई बहुत बड़ा है। मैं आपकी पत्नी को नया जीवन देने आया हूँ।

[प्रस्ताव सुनते-सुनते कम्मो के पति की भंगिमा बदलती जा रही है। उसके चेहरे पर आश्चर्य, चिढ़ और अविश्वास के भाव बड़ी तेजी से आ जा रहे हैं। अन्त में वह बड़ी दार्शनिक आकृति बना लेता है।]

कम्मो का पति : डॉ. साहब आप किस कम्मो को लौटाने की बात कर रहे हैं? वह हाड़-मांस की काया? वह तो मिट्टी है, मिट्टी। अगर कम्मो उस जजबात का नाम है जो मेरी रग-रग में समाया है तो वह गयी कहाँ है डॉक्टर साहब, देखिये वह यहाँ है, वहाँ है, घर के कोने-कोने में हैं।

'इक तेरी दीद छिन गयी मुझसे
वरना दुनिया में क्या नहीं बाकी।'

[कहते-कहते कम्मो का पति पास पड़े अखबार से अपना मुँह ढाप लेता है। अखबार में विज्ञापनों वाला पृष्ठ ऊपर है। वैवाहिक विज्ञापनों वाले पन्ने पर कम्मो के पति ने जगह-जगह लाल निशान लगा रखे हैं। डॉ. कौशिक ध्यान से उन निशानों को देखते हैं, और धीरे से बाहर को चल देते हैं। बाहर अविनाश खड़ा है। वे दोनों एक-दूसरे को देखते हैं। डॉ. कौशिक उसका कन्धा दबाते हैं।]

डॉ. कौशिक : तुम ठीक कहते थे, मैं ही गलत था।

अविनाश : मौत जालिम है, मगर जिन्दगी के कायदे, उससे भी ज्यादा जालिम।

[स्कूटर पर सवार दोनों व्यक्तियों का अक्स धीरे-धीरे धुँधला पड़ता जाता है।]

सफदर हाशमी

नुक्कड़ नाटक के क्षेत्र में सफदर हाशमी एक जानी-मानी हस्ती हैं। वे दिल्ली के जन-नाट्य मंच के सक्रिय कार्यकर्ता रहे हैं। सफदर हाशमी का जन्म 12 अप्रैल, सन् 1954 को एक कम्युनिस्ट परिवार में हुआ। प्रारम्भिक शिक्षा अलीगढ़ के एक स्कूल में हुई। सन् 1970 में नयी दिल्ली स्थित कन्नड स्कूल से हायर सेकेंड्री और सन् 1975 में सेंट स्टीफन कॉलेज से अंग्रेजी में एम.ए. किया। महाविद्यालयीन शिक्षा के दौरान ही एस.एफ.आई. और 'इप्टा' जैसे संघटनों से वे जुड़ गये। सन् 1973 में इप्टा से अलग होकर मलयश्री राय तथा कुछ साथियों के सहयोग से जननाट्यमंच की स्थापना की और सन् 1979 में मलयश्री राय से विवाह किया।

आगे 'जन-नाट्य मंच' (जन्म) के गठन के बाद कई महत्वपूर्ण मंचों पर नाटक प्रस्तुत किये और फिर देश-भर में नुक्कड़ नाटकों के नये आन्दोलन का सूत्रपात किया।

रचनाएँ : नाटक–मशीन, औरत, हत्यारे, गाँव से शहर तक, अपहरण भाईचारे का, राजा का बाजा, मई दिवस, समरथ को नहिं दोष गुसाईं, जंग के खतरे, आया चुनाव तथा हल्ला बोल आदि।

नुक्कड़ नाटकों और कई डॉक्यूमेंटरी फिल्मों के लिए गीत-रचना, अनेक सेमिनारों एवं कार्यशालाओं का आयोजन, पत्र-पत्रिकाओं के लिए रंगकर्म सम्बन्धी कई महत्त्वपूर्ण आलेख और सांस्कृतिक स्तम्भ-लेखन किया।

ऐसे महान रचनाकार को 01 जनवरी, सन् 1989 को साहिबाबाद की एक मजदूर बस्ती में नुक्कड़ नाटक करते हुए फासिस्ट ताकतों के जानलेवा हमले के शिकार हो गये और 2 जनवरी, 1989 को नयी दिल्ली में निधन हुआ।

समरथ को नहिं दोष गुसाईं

'समरथ को नहिं दोष गुसाईं' इस एकांकी में हमारी समकालीन समस्याओं के सन्दर्भ में राजनैतिक और सामाजिक समस्याओं की खामियों को उजागर किया गया है। इस

एकांकी के माध्यम से जनता के सामने समाज के वास्तविक चित्र को प्रस्तुत किया गया है। यह एकांकी आन्दोलन परक एकांकी है। प्रस्तुत एकांकी में समकालीन असहनीय महँगाई और जमाखोरी की समस्या को केन्द्र में रखा गया है। आधुनिक समाज से आदर्श, सभ्यता और संस्कृति, राष्ट्रीय चरित्र निरन्तर मिटते जा रहे हैं। जिससे कुछ अवसरवादी, चंद मुनाफाखोर सारी स्थिति का नाजायज फायदा उठा रहे हैं।

सफदर हाशमी के अन्य नाटकों की तरह नुक्कड़ नाटक शैली में लिखा गया यह एकांकी आन्दोलनपरक प्रचारात्मक एकांकी है। इस एकांकी में जिन वास्तविक राजनीतिक दलों या व्यक्तियों का उल्लेख है, वे उस समय प्रासंगिक रहे होंगे जब नाटक खेला गया। जिसके कारण आम जनता भरपेट रोटी, मिट्टी का तेल आदि से वंचित रहती है, किन्तु जमाखोरी करनेवाले व्यापारी महँगाई बढ़ाकर अनुचित लाभ कमाते हैं। एकांकी का यह सन्देश है कि व्यापारियों की यह मुनाफाखोरी वास्तव में भ्रष्ट पुलिस प्रशासन और मन्त्रियों के बलबूते पर चलती है। इसी कारण समाज के यह लोग व्यापारियों के इस अनुचित लाभ में से अपना-अपना हिस्सा हासिल करते हैं। सफदर हाशमी के सभी सफल नुक्कड़ नाटकों की तरह 'समरथ को नहिं दोष गुसाईं' में एकांकी की कथा वस्तु, चुटीले संवादों, अवसरोचित गीतों, छन्दोबद्ध गेय कविताओं, न्यूनतम पात्रों, संक्षिप्त साज सज्जा और प्रतीकात्मक वेशभूषा के प्रयोग से दर्शकों के सामने प्रस्तुत किया गया है। एकांकी की एक विशेषता यह है कि अनाज के बोरे का मानवीकरण करके उसे एक पात्र के रूप में पेश किया गया है। शेष पात्र—लाला, पुलिस और नेता भी प्रतीक पात्र हैं, कोई विशेष व्यक्ति नहीं और यों वे एक ओर तो पुंजीभूत रूप में क्रमशः सभी व्यापारियों, पुलिस प्रशासन और नेताओं के विभिन्न रूपों का प्रतिनिधित्व करते हैं, दूसरी ओर समेकित रूप में वर्तमान सामाजिक, आर्थिक और राजनीतिक तन्त्रों को प्रस्तुत किया गया हैं।

'समरथ को नहिं दोष गुसाईं' एकांकी में रचनाकार वर्तमान समय की भ्रष्ट व्यवस्था को उजागर करने में नुक्कड़ नाटक शैली के माध्यम से सफल हुआ है।

समरथ को नहिं दोष गुसाईं

•

सफदर हाशमी

[मार्च 1980; 35 मिनट; 6 कलाकार; 1600 से अधिक प्रदर्शन। यह नाटक हमारे सफल नाटकों में से है, जिसे अलग-अलग नामों–मसलन, 'महँगाई की मार', 'मदारी-जमूरा' इत्यादि से उत्तर भारत की अनेक नुक्कड़ नाटक मंडलियों ने खेला है। इस नाटक में हमने मदारी और जमूरे के प्रचलित माध्यम को इस्तेमाल किया है, जिससे नाटक में स्वच्छन्दता आती है। और किसी भी समय नाटक में सामयिक या तात्कालिक परिवर्तन किये जा सकते हैं। यहाँ नाटक को 1988 में किये गये परिवर्तित रूप में दिया जा रहा है। नाटक का अनुवाद अनेक भारतीय भाषाओं में भी हो चुका है।]

पात्र

मदारी	जमूरा
सेठ	बोरा
पुलिस	नेता

[दो अभिनेता आकर उछल-कूद करते हैं। दर्शकों का मनोरंजन करते हैं। कुछ देर बाद एक अभिनेता रुककर दूसरे से सम्बोधित होता है।]

पहला
अभिनेता : बस, बस, बस, बस, बस! बहुत करतब दिखा दिये। देखने वाले काफी आ गये हैं। अब नाटक शुरू करो।

दूसरा : लो अभी लो।

[अचानक दायरे के बाहर डमरू की आवाज आती है।]

पहला : यह क्या बदतमीजी है। इस मदारी को भी अभी आना था! अबे ओ, चलता बन, यहाँ नाटक होने जा रहा है।

[डमरू बजता रहता है। दोनों गरदनें तानकर आवाज की तरफ देखते हैं। उनके पीछे से तीसरा अभिनेता पुलिस कैप लगाये, छड़ी फटकारता हुआ आता है। दोनों को एक-एक जोरदार लात रसीद करता है। दोनों घबराकर उठते-पड़ते भागते हैं। तभी दर्शकों के दायरे को चीरता मदारी आता है। वह बोरा पहने है। बोरे के सामने बड़े-बड़े अक्षरों में लिखा है 'आटा, चावल, नून' और पीछे लिखा है 'घी, तेल, परचून'। आँखों पर बड़े फ्रेमवाला धूप का चश्मा। सिर पर रंग-बिरंगा पटका बँधा है, उसके ऊपर मारवाड़ी पगड़ी रखी है। कन्धे के ऊपर ऐतिहासिक पात्रों के अन्दाज में दोहरे अर्ज की, तीन मीटर लम्बी काली चादर बाँध रखी है। चादर के दोनों पिछले कोने पकड़े चार-छः कदम पीछे दो और पात्र आते हैं। जादूगर अभिनय स्थल में घूमता है, दर्शकों का शाहाना अन्दाज से मुस्कराकर अभिनन्दन करता है, उसके आगे-आगे पुलिस अफसर छड़ी को बन्दूक की तरह कन्धे पर रखे मार्च करता है। अभिनेता 1 और 2 उसके दोनों तरफ चलते हैं और उससे सवाल-जवाब करते हैं। आधे दायरे में उसके पीछे चलनेवालों में से एक पात्र एक ओर बैठ जाता है। दूसरा डमरू बजाते हुए, काली चादर के पिछले दोनों कोने थामे जादूगर के पीछे चलता रहता है।

पहला अभिनेता पाँचवें अभिनेता के पास जा बैठता है। दूसरा और पुलिसवाला दूसरे कोने में बैठते हैं। मदारी मारवाड़ी टोपी उतारकर पाँचवें अभिनेता की तरफ फेंकता है। अगले चक्कर के दौरान काली चादर कन्धे पर से खोल देता है, पीछेवाला पात्र उसे अभिनय स्थल के बीच में रखता है। उससे अगले चक्कर में मदारी बोरा उतारकर पहले अभिनेता की तरफ फेंकता है जो बैठे-बैठे ही उसे ओढ़ लेता है। पीछेवाला अभिनेता डमरू जादूगर को देता है। जादूगर डमरू बजाता हुआ चलता है। पीछेवाला अभिनेता बिल्कुल उससे चिपककर उसके पीछे-पीछे चलता है। अचानक मदारी उसे अपने कूल्हे से धकेलता है। अभिनेता कलाबाजी खाकर अभिनय स्थल के बीच पड़ी काली चादर के पास जा गिरता है। यह पात्र है 'जमूरा']

मदारी : बात नहीं जुल्फ की
सर मरोड़ा साँप का
कैसा कुंडल मार के
बैठा है जोड़ा साँप का,
जब यह चमेली की जड़ों में छुपकर बैठता है तो इसके काटे का पानी नहीं माँगता, लेकिन इन्सान का बच्चा इससे खेलता है—किसलिए? पापी पेट के लिए। हिन्दू को कसम भगवान की, मुसलमान को पाक कुरान की, हाँ तो मेहरबानों और कद्रदानों, मैं अपना खेल शुरू करता हूँ। जमूरे?

जमूरा : हाँ उस्ताद!

मदारी : तो खेल शुरू किया जाए।

जमूरा : किया जाए।

मदारी : तो मेहरबानों, कद्रदानों, इससे पहले कि आज का खेल शुरू हो जरा जोर से ताली बजाना—हाँ तो जमूरे; खेल शुरू किया जाए।

जमूरा : उस्तान, शुरू तो किया जाए। पर लगता है तमाशबीन घर से रोटी खा के नहीं आये।

मदारी : मेहरबान, कद्रदान, मेरे जमूरे में एक बहुत बुरी आदत है। जब तक पब्लिक जोर से ताली नहीं बजाती, यह साला खेल शुरू नहीं करता, हाँ तो जोर से ताली बजाना—क्यूँ भई जमूरे, अब तो खुश है?

जमूरा : हाँ उस्ताद सच में मजा आ गया।

मदारी : तो लेट जा। गिली, गिली, गिली फू—
[जमूरा काली चादर ओढ़कर लेट जाता है]
उगते सूरज को नमस्कार, डूबते को सलाम
मुसलमान को आदाब, हिन्दू को राम-राम!
हाँ तो मेहरबान, कद्रदान, मैं जादू दिखाता हूँ। तरह-तरह के जादू। लड़की को लड़का और कुत्ते से बकरी बनाता हूँ। हाँ तो जमूरे, तू कौन?

जमूरा : मैं कौन।

मदारी : जमूरे लौट आ।

जमूरा : लौट आया।

मदारी : लड़के भूत, भविष्य और वर्तमान का हाल बता।

जमूरा : एक साथ बता दूँ।

मदारी : नहीं, धीरे-धीरे बताना नहीं तो खेल एक मिनट में चौपट हो जाएगा। देख तेरा ध्यान किधर है?
[अपने डमरू को सफेद रूमाल से ढककर ऊपर उठाता है।]

जमूरा : देख लिया।

मदारी : क्या देखा?

जमूरा : जादूगर के साथ में कबूतर।

मदारी : जिन्दा या मरा हुआ?

जमूरा : एकदम जिन्दा, लेकिन डरा हुआ।

मदारी : कौन सा कबूतर?

जमूरा : असील!

मदारी : क्या कहा चील।

जमूरा : चील नहीं असील!

मदारी : इसकी चोंच में क्या है?

जमूरा : राशन कार्ड।

मदारी : अबे ये क्या होता है?

जमूरा : कबूतर ने अपनी खुराक के लिए राशन कार्ड बनवाया हुआ है।

मदारी : अजगर करे न चाकरी, पंछी करे न काम, और दास मलूका कह गये, सबके दाताराम।

जमूरा : ये पुराने जमाने की बातें हैं। अब नहीं चलतीं। अब तो कबूतर को लाइन में लगकर राशन कार्ड पर अपनी खुराक का राशन लेना पड़ता है।

मदारी : अबे तेरा राशन कार्ड कहाँ है?

जमूरा : उस्ताद तुम पर हँसी आती है।

मदारी : (*गुस्से से*) जमूरे, जुबान सँभाल कर....नहीं तो टुकड़े-टुकड़े कर दूँगा। जनता पार्टी बना दूँगा।

जमूरा : उस्ताद दुनिया को जादू दिखाते हो, पर यह नहीं जानते कि राशन कार्ड हम जैसे रोज कमाकर खानेवालों का नहीं बना करता। राशन कार्ड तो उनका बनता है जिनके पास रहने का पक्का ठिकाना हो।

मदारी : लड़के लौट आ।

जमूरा : लौट आया।

मदारी : मैं जादूगर क्यों?

जमूरा : पेट की खातिर।

मदारी : तू जमूरा क्यों?

जमूरा : पेट की खातिर।

मदारी : क्या खाया?

जमूरा : हवा।

मदारी : पिया क्या?

जमूरा : एम.सी.डी. की टूंटी का पानी।

मदारी : लड़के, महँगाई के बावजूद भी हमने खा-पी लिया। अब जनता की कुछ सोच।

जमूरा : सोच लिया।

मदारी : क्या सोचा?

जमूरा : ये सब लोग यहाँ आटा, चावल, चीनी के लिए खड़े हैं।

मदारी : हाँ, इसीलिए लाइन लगाकर खड़े हैं। इस लाइन में खड़े लोगों की मदद करेगा?

जमूरा : करेगा।

मदारी : तो जा, सब के लिए आटे, चावल, चीनी का इन्तजाम कर।

जमूरा : उस्ताद न आज से तू मेरा गुरु, न मैं तेरा चेला।
[थोड़ा-सा उठता है]

मदारी : अबे न मैं राजीव गाँधी, न तू अरुण नेहरू, हमारा नाता ऐसे नहीं टूटेगा।
[जमूरा फिर लेटता है।]

जमूरा : उस्ताद—अगर, पूछो कि फलाँ साहब का लड़का पास होगा या फेल तो बता सकता हूँ। या उन साहब की खोयी गाय मिलेगी या नहीं तो वो भी बता सकता हूँ, लेकिन राशन नहीं ला सकता?

मदारी : जमूरे—साहब लोग खुश हुए तो बहुत-सा इनाम मिलेगा।

जमूरा : उस्ताद मेरे बस का नहीं है।

मदारी : जमूरे लौट आ।

जमूरा : लौट आया।

मदारी : अच्छा तो देख अब मेरा कमाल, मैं अभी अपने जादू के जोर से राशन पैदा करता हूँ। सात समन्दर पार मच्छन्दर, अब तू अपने आप कलन्दर।

जमूरा : बस, लेने लगे गुरुओं का नाम।

मदारी : अबे, तो मैं जादूगर हूँ! असली जादूगर। मेरे दादा के परदादा ने अकबर को जादू दिखाया था।

जमूरा : जरूर दिखाया होगा। पर राजीव राजा के राज में राशन पर तुम्हारा जादू नहीं चलेगा उस्ताद!

मदारी : बात तो तू ठीक कह रहा है। तो तू ही कुछ कर—
फेंक अपनी चद्दर को परे।
और कुछ कर ऐसा कमाल
कि गरीब हो खुश, और दुश्मन पामाल—गिली, गिली, गिली, गिली, फू—

जमूरा : अच्छा तो उस्ताद, अब देख मेरा कमाल।
[चादर फेंककर उठ खड़ा होता है। इधर-उधर नजर मारता है। मदारी एक तरफ हो जाता है।]

उस्ताद गोरखधंधे की पारदर्शी नजर के कन्धे पर बैठकर
अपनी रेशमी मूँछों के बालों को ऐंठकर,
आशीर्वाद लेकर काली कलकत्ते वाली का
सुराग लगाऊँगा जमाखोर मवाली का
लातों का भूत है नहीं है साला गाली का
दबा के बैठा है राशन के बोरे को
भूखा नचाता है मदारी अपने छोरे को
जमूरा तरस गया इमरती की आस में
ठाठ करते हैं बनिये बैठ दीवाने खास में
तो कहाँ गया वह मादरजाद राशन का बोरा?
खाली हाथ लौटता देखकर जालिम दूर से ही
करारी बांग देना
उस्ताद गोरखधंधा चूतड़ की खाल खींचकर
उस्तानी के ब्लाउज के तई खूँटी पर टाँग देगा
तो मेहरबानों, कद्रदानों, अपने दुश्मन को पहचानो!
बताओ चींटियाँ कहाँ धावा बोल रही हैं?
चूहे कहाँ बिल खोद रहे हैं?
चिड़ियाँ कहाँ से दाना पाती हैं?
तिरंगा किस दरवाजे पर लहरा रहा है?
कारें कहाँ आ-जा रही हैं?
कहाँ खद्दर की टोपियाँ और नवदुर्गा के
टैक्नीकलर फोटू टँगे हैं?
बता दो कि यह नाचीज भी जेम्स बांड का दायाँ-बायाँ कहलाये।

[जमूरा एक तरफ बैठता है। टेलीफोन की घंटी बजती है। लाला जम्हाई लेता हुआ अपनी जगह से उठकर फोन उठाता है। इस अगले संवाद के दौरान लाला अभिनय स्थल का एक चक्कर लगाकर आखिरी संवाद पर अपनी पहली जगह पर आता है। इस दौरान पहला अभिनेता बोरे के अन्दर छुप जाता है।]

लाला : हैलो कौन? मिस्टर खरबन्दा? क्या? गेहूँ के बाजार में मन्दी आ गयी है? अरे तो इतना घबराने की क्या बात है? दो-चार मालगाड़ियाँ बन्द कर दो गोदाम में, और "आउट ऑफ स्टॉक" का बोर्ड लगा दो। फायदा? अरे यही कोई डेढ़-दो लाख का तो हो ही जाएगा। हाँ-हाँ।

[घंटी बजती है। फोन रखता है। कुछ दूरी पर दूसरा फोन उठाता है।]

लाला : हैलो कौन? इन्स्पेक्टर साहब, अरे भई यह कैसी नाराजगी, हमारा ही गोदाम मिला था छापा मारने के लिए?

हाँ याद आया—तो आप रंगीन जापानी टेलीविजन की बात कर रहे थे न? वह आ गया है, आप कहें तो आज ही भिजवा दूँ। जी....जी।—

[घंटी बजती है। यह फोन रखकर लाला कुछ दूरी पर तीसरा फोन उठाता है।]

लाला : हैलो....कौन....सावित्री जी? नमस्कार सावित्री जी, वो जो आपका अन्ध महाविद्यालय है ना, उसके लिए मैं डेढ़ लाख का चन्दा देना चाहता था। नहीं-नहीं चैक नहीं कैश। एकदम नकद। काम? काम तो कुछ भी नहीं, वो आपके जो हैं न? मन्त्री जी—उनके पास मेरे प्याज और चीनी की एक्सपोर्ट की फाइलें दबी हुई हैं। अगर आपकी नजर इनायत हो जाए तो....जी। हाँ-हाँ मैं कल ही हाजिर हो जाऊँगा। कैश लेकर, धन्यवाद।

[घंटी बजती है। फोन रखकर चौथा फोन उठाता है। बातें करने का अभिनय करता है, जमूरा उठता है।]

जमूरा : लगता है यही है, अबे ओ सिंदबाद जहाजी के भतीजे, कुछ हमें भी दे दे।

लाला : ए, ए, तमीज से बात कर छोकरे।

जमूरा : दे दे ना, लाला—

लाला : क्या बात है?

जमूरा : अबे निकाल।

लाला : ऐ चौकीदार, इस उचक्के को बाहर कर दे, हाँ।

[जमूरे को ताव आ जाता है।]

जमूरा : जय काली कलकत्ते वाली।
तेरा वचन जाये न खाली।
जो भी मेरे सामने आये
चित्त मुँह के बल गिर जाये।
रास्ते के साँप जाते हैं सरक
दुश्मनों की आँख में होती है खुरक।
निकाल दे बोरे, नहीं तो यहीं भस्म कर दूँगा
कल की होती, आज ही तेरी अन्तिम रस्म कर दूँगा।

लाला : चौकीदार, ऐ चौकीदार।

जमूरा : धूम धड़क्का ईचड़ कीचड़ ठांय ठूई ठू
आग बबूला कीकर कंकर गायब हो जा तू
छू....

[लाला गश खाकर गिर पड़ता है। जमूरा लपककर पहले अभिनेता को घसीटकर लाता है।]

ज़मूरा : मिल गया, मिल गया, राशन का बोरा मिल गया।
मैंने मन्तर क्या पढ़ा हर फर्दे मजमा हिल गया।
इक बलब रौशन किया उस्ताद जी के नाम का।
बन गया आखिर जमूरा आदमी इक काम का।
[बोरे से]
अबे चल; वहाँ अँधेरे गोदाम में पड़ा क्या अंडे दे रया था? चल।
उस्ताद जी उस्ताद जी ले आया।
दे दो खुशखबरी इन तमाशबीनों को। और बाँट डालो।

मदारी : अरे, क्या चिल्ला रहा है?

जमूरा : ले आया।

मदारी : क्या ले आया?

जमूरा : राशन का बोरा।

मदारी : कैसे?

जमूरा : छीन के।

मदारी : किससे?

जमूरा : चोर से।

मदारी : चोर कौन?

जमूरा : वही।

मदारी : अबे वही कौन?

जमूरा : म्म्म।

मदारी : अबे कुछ बोलेगा भी।

जमूरा : म्म्म।

मदारी : क्या मिमिया रया है।

जमूरा : (*खुसफुसाकर*) उस्ताद, एक पुलिसवाला खड़ा है। बाद में बताऊँगा।

मदारी : तो कहाँ है राशन का बोरा।

जमूरा : तुम्हारे पीछे।

[जादूगर पलटकर बोरा देखता है। उससे चिपट जाता है।]

मदारी : हाय वक्त की ऐसी तैसी। सात पुश्तों का जादू जो मुहैया न कर पाया, वह बालिश्त भर के छोकरे ने कर दिखाया। खैर कुछ तो हुआ। गल्ला तो ले आया और तमाशबीनों के चेहरे पर हँसी भी आयी। तो लड़के खोल दे बोरे को और बाँट दे तमाशबीनों में।

[लड़का दो-तीन बार खोलने की कोशिश करता है। बोरा नहीं खुलता]

जमूरा : उस्ताद यह नहीं खुलता। इस पर सील लगी है।

मदारी : अरे, जोर लगा के खोल दे साली को।

जमूरा : यह कोई सरकारी सील है, जो यूँ ही खुल जाएगी, यह तो लाले की लगाई हुई है, स्टेनलेस स्टील की बनी है।

मदारी : तो ठैर, यह बोरा अपने-आप खुलेगा।

[मंत्र फूँकता है]

बे जुबान बेबस, बेकस, बेजान, बांगड़ू बोरे
डंड पेल कर देख तिलस्मी टूटेंगे यह डोरे
मन्तर लगते ही प्राणी तू पा जाएगा वाणी
होकर तू आजाद कहेगा अपनी स्वयं कहानी।
हैफ़ मरदेम के जा दामेम रूसियाह तिलस्मे जादूबूद।
पानी का पानी और दूध का दूध।
गिलि गिलि गिलि गिलि फू....

[बोरा खुलता है। उसमें से पहला अभिनेता निकलता है।]

जमूरा : अरे उस्ताद, तुमने तो कमाल कर दिया, धोती फाड़कर रूमाल कर दिया। बाल योगेश्वर, महेश योगी, साईं बाबा सबको पीछे छोड़ दिया, लाले की लगाई हुई सील को तोड़ दिया।

मदारी : हाँ तो मेहरबान, बोरा आपके सामने है, और अपनी दास्तान आपको सुनाना चाहता है।

[मदारी जमूरा एक तरफ बैठते हैं। बोरा गाता है।]

बोरा : इक खेत में जन्मा था मैं मेहनत की आग से
मेहनत के और धरती के सुन्दर सुहाग से।
काटा मुझे किसान ने फिर खेत से इक दिन
मंडी में ला के छोड़ दिया खेत से इक दिन।
सेठों ने मेरा भाव किया कौड़ियों के दाम
पल्ले में दो किसान के आये फकत छदाम।
उस दिन से जो शुरू हुआ लम्बा सफ़र जनाब
बेचे-खरीदे मुझको बस इतने बशर जनाब।
दिन दूने-रात चौगुने बढ़ते ही गये दाम
दल्लाल दर दलाल बस चढ़ते ही गये दाम।
इक दिन खरीदकर इसी लाले ने मुझको जी

गोदाम में जकड़ दिया साले ने मुझको जी।
अब आया हूँ बाहर तो है बस ये ही तमन्ना
दौलम की इस जकड़ से मैं आजाद रहूँगा।
मेहनत की मैं औलाद हूँ मेहनत की देन हूँ।
मेहनतकशों की बस्ती में आबाद रहूँगा।

मदारी : जमूरे।

जमूरा : हाँ उस्ताद।

मदारी : बोरे की दुःखभरी दास्तान सुनकर मेरी आँखें भर आयी हैं।

जमूरा : पोंछ डालो उस्ताद।

मदारी : जमूरे क्या बकता है?

जमूरा : बकता नहीं कहता हूँ। रोओगे तो धुँधला दिखाई देगा। जरूरत है साफ देखने की। इस बोरे की मदद और हिफाजत बहुत सफाई से करनी होगी। नहीं तो तुम रोते रहोगे, बोरा फिर कैद हो जाएगा।

मदारी : हाँ, तू ठीक कहता है जमूरे। मेहरबानों आपने बोरे की दास्तान सुनी। अब यह बोरा आपकी हिफाजत, आपकी अदालत में। जिस किसी भाई को आटा, चावल, चीनी, नून-तेल किसी चीज की जरूरत हो आइए, मत शरमाइए, और अपनी-अपनी जरूरत का सामान पाइए। लेकिन अपनी जरूरत से ज्यादा माल न लीजिएगा, नहीं तो इन्हें क्या कहेंगे जमूरे?

जमूरा : इन्हें जमाखोर कहेंगे।

मदारी : हाँ तो साहिबान, जमाखोर कहलाये जाने से बचिये, हम चले, बोरा आपकी हिफाजत में।

[बोरे को लेकर चक्कर लगाता है]

जमूरा : जिस किसी भाई को आटा, चावल, नून, तेल—किसी भी चीज की जरूरत हो; आये, और इस बोरे में से ले जाये।

[जमूरा जाता है, बोरा जनता का अभिनन्दन करता है। इस दौरान लाला को होश आ जाता है। बोरा गायब पाकर बदहवास हो जाता है। अचानक बोरे को देखकर उसकी तरफ संवाद बोलता हुआ लपकता है। तीन बार बोरा उससे बच निकलता है।]

लाला : तो तुझे यहाँ घसीटकर ले आये हैं मेरे मुनाफे के दुश्मन। मैंने तुझे इसीलिए सात तहखानों के अन्दर छुपाकर कितना सहेजकर रखा था कि इन भूखे-भिखमंगों की नजर तुझ पर न पड़े। इस तरह तू रोज-रोज दरवाजे से निकलता रहा तो कीमतें गिर जाएगी कि मैं तो बरबाद हो जाऊँगा। तेरी सेवा के लिए दर्जनों चौकीदार रखे थे और तू है कि....

बोरा : हाँ, हाँ मैं निकल भागा हूँ उन अँधेरे सीलन भरे गोदामों से जहाँ तूने मुझे कैद कर रखा था। मैं तेरी तिजोरियाँ भरने के लिए नहीं हूँ, लाला।

लाला : कल तक मेरे इशारे पर दुम हिलानेवाले तेरी यह जुर्रत कि मुझे ही आँखें दिखाता है। क्या तू भूल गया मेरे चौकीदार बन्दूकों से लैस हैं और मेरे एक ही इशारे पर तुझे रंग से बदरंग कर देंगे।

बोरा : मैंने तेरी हकीकत सभी लोगों को बयान कर दी है—मैं किसी हालत में नहीं लौट सकता। मैं अब यहीं रहूँगा।

लाला : तेरी यह मजाल।

[लाला घसीटकर बोरे को ले जाता है। बोरा चीखता है। लाला बोरे के ऊपर अकड़कर बैठता है।]

[जादूगर और जमूरा आते हैं]

मदारी : अबे जमूरे सुनी चीख?

जमूरा : अरे, हमारा राशन का बोरा कहाँ गया?

[जमूरा इधर-उधर देखता है। दर्शकों से पूछता है। अचानक उसकी नजर बोरे पर जाती है।]

जमूरा : ओ-ओ!
इसकी तो जान पर बन आयी है,
अल्लाह दुहाई है, दुहाई है।

मदारी : जमूरे कौन है यह चपड़कनाती।

जमूरा : टाटा का पोता—बिड़ला के नाती।

मदारी : अच्छा वही? जिनकी वजह से हमारी चाय मीठी नहीं हो पाती?

जमूरा : हमारे दुश्मन, देश के घाती।

मदारी : सेठ जी आपने राशन के बोरे को कैद क्यों कर रखा है? अपने आदमियों से कहिये इसे छोड़ दें।

लाला : इसे छोड़ दूँ? जिसके ऊपर मेरा पूरा कारोबार टिका हुआ है। जिसके लिए मैंने हर इलैक्शन से पहले और बाद में लाखों रुपये चन्दे में दिये हैं सफेद टोपीवालों को।
और जब चार पैसे कमाने का वक्त आया तो कहते हो मैं इसे छोड़ दूँ। मुझे सरकार की तरफ से थोक व्यापार करने का परमिट मिला हुआ है।

मदारी : हम कुछ नहीं जानते हमें यह मालूम है कि तेरे पास राशन है।

जमूरा : और हमें राशन चाहिए।

[मदारी और जमूरा बारी-बारी कहते हैं—
'आटा दे, चावल दे, नून दे'

और लाला को घेर लेते हैं।

लाला : मुझसे दूर रहिये—पुलिस-पुलिस!

[पुलिस का प्रवेश]

पुलिस : (*मदारी जमूरे की ओर देखकर*) क्या शोर मचा रखा है यहाँ। ओह, सेठ जी आप, क्या बात है?

लाला : क्या बतायें, आजकल तो शरीफ आदमियों का जीना ही मुहाल हो गया है। अब देखिये, एक तो यह लोग मेरे राशन के बोरे को बरगला कर गोदाम से बाहर खींच लाये, और जब मैं उसे ले जाना चाहता हूँ तो यह लोग मुझे धमकियाँ दे रहे हैं, आँखें दिखा रहे हैं....

पुलिस : (*डंडा उठाकर मारने की मुद्रा में*)—क्या आप लोगों को इस बात का इल्म नहीं है कि इस देश में एक मजबूत कानून व्यवस्था कायम है। बिना हमारी मर्जी के पत्ता भी नहीं हिल सकता....चलिए एक अच्छे नागरिक का फर्ज अदा कीजिए—सेठ जी की दुकान पर पहुँचिए। लाइन में लगिये। आपके लिए कुछ न कुछ होगा इनके पास। चलो भागो...भौं...भौं... भौं...

[दोनों को एक तरफ करके, पुलिस लाला से पैसे लेता है और जाता है।]

लाला : अबे ओ मुश्टंडे, सँभाल कर रख दे इस बोरे को। समझा? ऐसा सबक सिखा कि आगे से बाहर निकलने की हिम्मत न करे—और हाँ, दुकान के बाहर तख्ती लगा दे और उस पर लिख दे 'आज राशन नहीं मिलेगा' और इसी के साथ नीचे लिख दे 'दुकान पर आने का रास्ता आगे से नहीं पीछे से है'।

[अपनी जगह पर बैठता है]

मदारी : अबे जमूरे, इस पुलिसवाले ने तो बहुत मारा।

जमूरा : यह सब तेरी वजह से हुआ।

मदारी : अबे सारे पुलिसवाले ही मारते हैं।

जमूरा : बड़ा मारा उन्ने तो।

मदारी : वह पुलिसवाला मारते-मारते एक बात कह रहा था।

जमूरा : क्या कह रहा था?

मदारी : कह रहा था "लाला की दुकान पर जाओ, लाइन में लगो, तो राशन मिलेगा"। बेटे, हम लाइन में नहीं लगे ना—

जमूरा : 'लाइन में नहीं लगे ना'। लाइन में लगने से राशन मिल जाता है?

मदारी : वह पुलिसवाला तो यही कह रहा था। आखिर सरकारी आदमी है।

जमूरा : उस्ताद, वह सरकारी आदमी लाला से दस का नोट ले गया—

मदारी : अबे, यह तो उसकी डियूटी है—

जमूरा : उस्ताद, मेरी भी ऐसी डियूटी लगवा दे ना—

मदारी : सेवा करता रह, कुछ-न-कुछ करवा दूँगा। पर देख, घर में न आटा है, न चावल है, न तेल है, न चीनी है, चल लाला की दुकान पर चलकर ही देख लें—

जमूरा : चल—

[दोनों गाते हैं।]

दोनों : खोलो दरवाजा सेठ जी, खोलो तो दरवाजा
सेठ जी, ओ सेठ जी, खोलो दरवाजा।
चना चबेना कुछ तो दे दो, कुछ तो दे दो खाजा
तुम्हीं हमारे अन्न देवता, तुम्हीं हमारे राजा।
खोलो दरवाजा सेठ जी, खोलो दरवाजा।
घर में बच्चे बैन कर रहे बजा-बजा के पेट
खाली है बावर्चीखाना, खाली पिर्च-पलेट।
कुछ तो दे दो मौत नहीं तो लेगी हमें समेट
खोलो दरवाजा सेठ जी, खोलो दरवाजा।

[लाला उठता है।]

लाला : सुबह-सुबह आ गये रेंकने, नहीं तुम्हें कुछ काम
पल भर भी न करने देते, बन्दे को आराम।
तोतों जैसा रट रखा है सिरफ यही पैगाम
खोलो दरवाजा सेठ जी, खोलो दरवाजा।

दोनों : खोलो दरवाजा सेठ जी, खोलो दरवाजा।

लाला : क्या चाहिए?

मदारी : सेठ जी, एक किलो चीनी चाहिए,

जमूरा : पाँच किलो आटा,

मदारी : और एक लीटर मिट्टी का तेल।

लाला : भई चीनी और आटा तो आउट ऑफ स्टॉक है और मिट्टी के तेल पर सरकारी पाबन्दी लगी है।

दोनों : सेंठ जी, हम तो आपके रोज के ग्राहक हैं, कुछ तो खयाल कीजिए।

लाला : दे तो दूँ, पर किसी को कानों-कान खबर न हो, वरना सब ही झोले फैलाये चले आएँगे, एकाध किलो पड़ा है, (*इधर-उधर देखकर*) पर हाँ, 2 किलो चीनी के 40 रुपये लगेंगे।

दोनों : क्या?

लाला : पाँच किलो आटा 48 रुपये का और एक लीटर तेल साढ़े सात रुपये का।

दोनों : क्या, क्या?

मदारी : लाला जी क्या बात करते हैं। आज सबेरे ही रेडियो कह रहा था कि चीनी सात रुपये किलो बिकेगी।

जमूरा : आटा तीन रुपये किलो।

मदारी : और तेल चार रुपये लीटर।

लाला : तो भाई नाराज क्यों होते हो? जाओ उसी रेडियो से ले लो, और इस भाव मिल जाए तो दो चार ट्रक मेरे लिए भी भिजवा देना।

मदारी : देखो लाला जी, सरकारी दाम पर नहीं दोगे तो हम तुम्हारी रपट कर देंगे, हाँ।

लाला : बेटे एक छोड़ दस रपट लिखवा दो। हमारे पास कुछ नहीं है।

जमूरा : हमने अपनी आँखों के सामने माल अन्दर जाते हुए देखा है।

लाला : क्या देखा है, अन्धे कुछ नहीं देखा। जो भाव बता दिया उससे कम न होगा, हाँ।

मदारी : लालाजी तुम्हारे तो अच्छे-अच्छे भी दाम कम करेंगे।

लाला : बिटुआ अगर दाम ही कम करने होते तो चुनाव में लाखों रुपये चन्दा न देते। हमारी कमाई कोई फोकट की है?

मदारी : लाला जी, तुमने इतनी बड़ी बात कह दी, अब हम देख लेंगे। चल जमूरे।

लाला : जा, जा, जो जी में आये कर ले। हम कह चुके हैंगे। (*जाता है*)

[जादूगर और जमूरा अभिनय स्थल का चक्कर लगाते हैं।]

मदारी : जमूरे!

जमूरा : हाँ उस्ताद।

मदारी : चीनी नहीं मिली।

जमूरा : तो मैं क्या करूँ?

मदारी : आटा नहीं मिला।

जमूरा : तो मैं क्या करूँ?

मदारी : मिट्टी का तेल नहीं मिला।

जमूरा : तो मैं क्या करूँ?

मदारी : तो लेट ही जा।

जमूरा : हमारे उस्ताद में यही खराबी है। जब कुछ नहीं बन पड़ता तो कहता है 'लेट जा'।

[लेटकर चादर ओढ़ता है।]

मदारी : जनता परेशानी में गिरफ्तार है।

जमूरा : गिरफ्तार है।

मदारी : जीना दुश्वार है।

जमूरा : दुश्वार है।

मदारी : महँगाई की मार है।

जमूरा : बड़ी-बड़ी मार है।

मदारी : अबे तो कोई उपचार है?

जमूरा : हाँ, है।

मदारी : तो बोल।

जमूरा : बोल दूँ।

मदारी : राज को खोल।

जमूरा : खोल दूँ।

मदारी : एकदम खोल दे।

जमूरा : तो उस्ताद, खोल दो तिलिस्मी गैराज और निकाल बाहर करो उड़नखटोले को।

मदारी : काहे?

जमूरा : जमूरा अखिल भारतीय दौरे पर जाएगा।

मदारी : काहे?

जमूरा : जवाबदेही की खातिर।

मदारी : लड़के, तेरे इरादे तो नेक हैं, पर तू यह सब करेगा कैसे?

जमूरा : बैठ उड़नखटोले पे गश्त मारेगा बन्दा।
दूर-दूर फैलाएगा अपना जादुई फन्दा।
फेर देगा अच्छे-अच्छों की गर्दनों पर रन्दा
किसी को देगा घूस, और किसी को देगा चन्दा।
और निकाल लाएगा हर नदी-नाले,
पहाड़ी-खाले या मकड़ी के जाले से,
किसी न किसी मन्त्री, या मन्त्रीनुमा संतरी
या ऐसे ही किसी षड्यंत्री को
और हाजिर करेगा जनता की अदालत में।

मदारी : हाँ तो दोस्तों, मैं उड़नखटोला निकालता हूँ, आप जोर से ताली बजाइए।
[लोग जोर से ताली बजाते हैं। जादूगर डमरू बजाता है। जमूरा चादर के नीचे से अपनी टाँगें और हाथ उठाकर उड़ता है।]

मदारी : लड़के लौट आ।

जमूरा : लौट आया (*फिर सीधा लेटता है*)

मदारी : क्या देखा।
जमूरा : सभी मन्त्री कक्ष खाली पड़े हैं?
मदारी : गृह मन्त्री कहाँ हैं?
जमूरा : आसाम और पंजाब के बीसवें दौरे पर गये हैं।
मदारी : खाद्य मन्त्री कहाँ हैं?
जमूरा : इलाहाबाद में जनता लैट्रीन का उद्घाटन कर रहे हैं।
मदारी : अबे तो कोई है भी राजधानी में?
जमूरा : हाँ है, पर अभी व्यस्त है। आराम करने में।
मदारी : कहाँ आराम कर रहे हैं?
जमूरा : ओबराय इन्टरकौन्टीनैन्टाला।
मदारी : यह क्या मेरे लाला?
जमूरा : अन्तर्राष्ट्रीय धर्मशाला।
मदारी : तू उसे ही पकड़ के ला। (*जाता है*)
जमूरा : ठक ठक ठक ठक।
आवाजः (*नशे में धुत*) कौन है बे?
जमूरा : सरकार, जनता का हरकारा।

[मन्त्री टोपी पहन और अंगवस्त्रम् लटकाये खड़ा होता है]

मन्त्री : जनता! यह किस चिड़िया का नाम है?
जमूरा : वही जिसके अंडों से वोट निकलते हैं, हुजूर।
मन्त्री : ओ, यू मीन द पीपुल। द टायलिंग मासिज?
जमूरा : यैस।
मन्त्री : क्या माँगता है पीपुल?
जमूरा : इन्साफ?
मन्त्री : हम इन्साफ करेगा। जरूर करेगा।
जमूरा : तो आइए मेरे साथ। (मन्त्री लड़के के कन्धे पर खड़ा होता है)
मदारी : जमूरे लौट आ।
जमूरा : लौट आया।
मदारी : क्या लाया?
जमूरा : मन्त्री।
मदारी : मन्त्री! तो करा दे मुनादी तमाशबीनों में,
बिठा दे खौफ सब के सीनों में,
मन्त्री अर्श से जमीं पे आया है,
जाने क्या कहर साथ लाया है,

इसके पीछे कोई घोटाला है,
लगता है दाल में कुछ काला है।

जमूरा : खल्क खुदा का, मुल्क जमींदार का, इन्तेजाम सरमायेदार का और हुक्म उनके ताबेदार का, हर खासोआम को इत्तला दी जाती है कि समाजवादी बादशाह, वालिये बेताज, शहनशाहे राशन पानी, जिल्ले सुबहानी, जनाब मन्त्री महोदय पधार रहे हैं, फरियादी एक-एक करके हुजूर में आयें और अपने दुख का हाल सुनायें।

मन्त्री : कोई जरूरत नहीं, हमें सब मालूम है। हम भी जनता का हिस्सा हैं। जनता का दर्द समझते हैं। महँगाई की मार हम पर भी है। जमाखोरों से हम भी आजिज हैं। आप लोग तो जानते ही हैं, कि यह सब एक साजिश है, षड्यंत्र है, विरोधी पार्टियों ने हमारी सरकार को बदनाम करने के लिए ऐसे कई जाल बिछा रखे हैं। आसाम और पंजाब में उपद्रव मचा रखा है, उधर बंगाल और त्रिपुरा की सरकारें केन्द्र सरकार की नीतियों को लागू करने से इनकार कर रही हैं। फिर विदेशी समस्यायें—ईरान, इराक, अफगानिस्तान, चीन, कम्पूचिया, पाकिस्तान और अब यह इमरान खान। यह समस्याएँ काबू में आयें, तो महँगाई और जमाखोरी की तरफ ध्यान दिया जाए। वैसे हमारी पूरी सहानुभूति आपके साथ है।

मदारी : हैफ मरदेम के जांदादेम, रुसियाह तिलिस्मे जादूबूद, पानी का पानी और दूध का दूध। खामोश! गिली गिली गिली गिली फू....कैद करता हूँ आवाज इस मक्कार पाखंडी की। उस्ताद गोरखधंधे ने सात पुश्तों से जादू दिखाया, पर मजमे में झूठे को कभी बर्दाश्त नहीं किया। जमूरे?

जमूरा : हाँ उस्ताद।

मदारी : क्या इसीलिए इस मन्त्री को सात समुन्दर पार से घसीटकर लाया था कि तमाशबीनों के सामने वही घिसी-पिटी सहानुभूति और आन्तरिक संकट की बातें दोहराये? साले ने मेरे मजमे का स्टैंडर्ड ही डाउन कर दिया। जमूरे?

जमूरा : हाँ उस्ताद।

मदारी : साहब लोगों को बता, क्या इस मन्त्री ने सच बोला?

जमूरा : नहीं।

मदारी : क्या इसने ईमानदारी से काम लिया?

जमूरा : नहीं।

मदारी : तो क्या इस पर सत्यवाची वशीकरण फूँक दूँ?

जमूरा : फूँक दो, फूँक दो।

मदारी : सच्चाई सामने आएगी?

जमूरा : आएगी।

मदारी : झूठ की कलई खुल जाएगी?

जमूरा : जाएगी।

मदारी : (*मन्त्र फूँकता है*) हिटिंग छट, सच बोल झटपट
सिमसिम फोड़ झूठी बात को तू छोड़
नीम करेला छिपकली, बिच्छू साँप बिझार,
कीकर कोयल केंचुली, सौं पर सात सवार।
अंजन, मंजन, दुख भंजन, संकट मोचू के बाप,
शक्ति दिखा दो नीलकंठ मुख से सच फूटे आप।
ओम् नमोः शिवाय। (*मन्त्री जमूरे के कन्धे से गिरता है*) बोल जो कहूँगा सच कहूँगा और सच के सिवा कुछ न कहूँगा।

मन्त्री : (*मन्त्रमुग्ध होकर जमूरे की तरह बोलता है*) जो कहूँगा सच-सच कहूँगा, सच के सिवा कुछ न कहूँगा।

मदारी : तू कौन?

मन्त्री : मैं कौन

मदारी : मन्त्री, लौट आ।

मन्त्री : लौट आया।

मदारी : मन्त्री, बैठ जा।

मन्त्री : (*बैठता हूँ*) बैठ गया।

मदारी : मन्त्री, लेट जा।

मन्त्री : (*लेटता है*) लेट गया।

मदारी : जमूरे, उठके मन्त्री पर काली चादर डाल।

[जमूरा मन्त्री पर काली चादर डालता है]

मदारी : मन्त्री।

मन्त्री : लौट आया।

मदारी : तू कौन?

मन्त्री : मैं कौन।

मदारी : जो पूछूँगा बतलायेगा?

मन्त्री : बतलायेगा।

जमूरा : उस्ताद, यह क्या करते हो? इसको जमूरा बना दिया? मैं बेरोजगार हो जाऊँगा। दाने-दाने को मोहताज हो जाऊँगा।

मदारी : जमूरे, यह मन्त्री है, मुझसे बड़े जादूगरों का जमूरा। मेर-तेरे हत्थे तो एक दिन के लिए चढ़ा है। देखता चल।

जमूरा : उस्ताद मैं इसका इंटरवियू ले लूँ?

मदारी : नहीं बेटे, आज तो उस्ताद को ही लेने दे। (*जमूरा जाता है*) मन्त्री!

मन्त्री : लौट आया।

मदारी : तू मन्त्री क्यूँ?

मन्त्री : मैं मन्त्री पेट की खातिर।

मदारी : गलत बोलता है, तू मन्त्री देश की खातिर।

मन्त्री : नहीं उस्ताद, मैं मन्त्री पेट की खाातिर।

मदारी : मन्त्री, तेरे मालिक कौन?

मन्त्री : मेरे मालिक सेठ साहूकार, सरमायेदार, जमींदार।

मदारी : गलत बोलता है, तेरे मालिक हिन्दोस्तान के नागरिक।

मन्त्री : नहीं उस्ताद, हिन्दोस्तान के गरीब नागरिकों को तो मैं जूते की नोक पे रखता हूँ। मेरे मालिक सरमायेदार और जमींदार।

मदारी : मन्त्री, चुनाव से पहले तो तू देश की जनता के पीछे हाथ जोड़ के घूमता था। किसलिए?

मन्त्री : वोट की खातिर, उस्ताद। वक्त पे तो गधे को भी बाप बनाना पड़ता है।

मदारी : मन्त्री, तू चुनाव कैसे जीता?

मन्त्री : पैसे के बल पर।

मदारी : पैसा कहाँ से आया?

मन्त्री : मेरे मालिकों ने दिया।

मदारी : किसलिए? मन्त्री, सच-सच बताइयो?

मन्त्री : देश पर राज करने के लिए। कीमतें बढ़ाने के लिए, मजदूर किसानों को दबाने के लिए।

मदारी : मन्त्री।

मन्त्री : हाँ उस्ताद।

मदारी : भाषण देना जानता है।

मन्त्री : हाँ सिर्फ वही तो जानता हूँ। यह तो मेरा खानदानी पेशा है।

मदारी : तो शुरू हो जा।

मन्त्री : (*खड़े होकर*) भाइयो और बहनो, हमें आपसे पूरी सहानुभूति है। हम जमाखोरों और मुनाफाखोरों के खिलाफ सख्त कार्यवाही करेंगे।

मदारी : मन्त्री, यह तो तूने रोज का रटा-रटाया, पिटा-पिटाया, किसी और का लिखा-लिखाया, घिसा-घिसाया भाषण सुना दिया। अरे यह लोग बहुत समझदार हैं, इन्हें जरा सच्चाई बयान कर।

[मन्त्री अपनी टोपी पलटता है]

मन्त्री : भाइयो, बहनो, मेरी बला से आप भाड़ में जाइए। मुझे तो गद्दी चाहिए, सो मिल गयी। अगर आप सोचते हैं कि मैं लाला जी की दूकान से माल निकाल कर उचित दामों पर आप में बाँट दूँगा तो माफ कीजिए, आप घनघोर चूतिया हैं।

मदारी : खामोश! बहुत हो गया। ऐसा जलील आदमी मेरे मजमे में आकर इतनी सीनाजोरी कर जाए। डूब मरने का मुकाम है। गिलि गिलि गिलि गिलि फू...

[मन्त्री जैसे अचानक जागता है।]

मन्त्री : मैं कहाँ हूँ?

मदारी : जनता की अदालत में।

मन्त्री : हाँ, याद आया। तो मैं कह रहा था कि हमारी हार्दिक सहानुभूति आपके साथ है। आप लोग हमें कुछ समय दीजिए। शीघ्र ही कोई-न-कोई हल ढूँढ़ निकालेंगे। बदमाशों पर कड़ी नजर रखी जा रही है...

मदारी : दूर, दूर हो जा। मेरे मजमे को नापाक न कर।

मन्त्री : ए मदारी, क्या बकता है?

मदारी : गिलि गिलि गिलि गिलि फू

[मन्त्र के आवेश से मन्त्री लड़खड़ाकर पीछे हटता है। बाहर निकल जाता है।]

मदारी : उफ! कितना फरेब। शर्म आती है। यही हैं हमारे मन्त्री, इनसे क्या उम्मीद रखी जा सकती है जमूरे?

जमूरा : हाँ, उस्ताद।

मदारी : बाँध बोरिया-बिस्तरा और चल दे हरिद्वार की ओर।

जमूरा : उस्ताद, हरिद्वार में तो हर दूसरा आदमी मदारी है। वहाँ तो अपना धन्धा एक मिनट में चौपट हो जाएगा।

मदारी : उस्ताद गोरखधन्धा हरिद्वार में धन्धा करने नहीं, संन्यास ग्रहण करने जाएगा।

जमूरा : 'संन्यास ग्रहण करने जाएगा'? उस्ताद, अगर तुमने संन्यास ग्रहण कर लिया तो इन काठ के उल्लुओं का क्या होगा? यह ऐसे ही खड़े-खड़े तमाशा देखते रहेंगे, हँसते रहेंगे, तालियाँ बजाते रहेंगे, चाहे कीमतें कितनी ही बढ़ जायें, इन पर कितने ही अत्याचार हो जायें—यह उसके खिलाफ इत्ती-सी आवाज भी नहीं उठायेंगे। और तुम्हारे जैसे सच्चाई बयान करनेवालों ने संन्यास ग्रहण कर लिया तो इस देश का बंटाधार हुआ ही हुआ।

मदारी : नहीं जमूरे, नहीं। इस देश का बंटाधार नहीं होगा। इस मजमे में खड़े और बैठे तमाशबीन कोई काठ का उल्लू नहीं है। यह अच्छी तरह जानते हैं कि आज जो कुछ मैंने दिखाया, वह हाथ की सफाई नहीं, जादू-टोना नहीं, बल्कि पिछले 40 सालों के हिन्दोस्तान की सच्चाई है। (*दर्शकों से*) सच्चाई है ना? मेहरबानों, कद्रदानों, मैंने जो मन्त्री आज इस मजमे में पेश किया, वह किसी जादूगर का भाड़े का जमूरा नहीं, वो हिन्दोस्तान का समाजवादी शहनशाह है। मेहरबानों आज का मजमा खत्म करने से पहले मैं आपसे एक ही बात कहना चाहता हूँ। कल जब आप अपने दफ्तर, अपनी फैक्ट्री, अपनी दुकान, अपने स्कूल, कॉलिज, घर से निकलेंगे तो शायद यह मदारी और यह जमूरा आपको चौक के बीचों-बीच हिन्दोस्तान की सच्चाई दिखाने के लिए न मिले। पर यह मन्त्री, यह सेठ, यह पुलिस—यह आपको रोज मिलेंगे। आपको अपनी आँखें खुली रखनी होंगी, आपको अपने दिमाग रौशन रखने पड़ेंगे, आपको सोचना होगा, आपको फैसला करना होगा, आपको फैसला करना होगा, आपको फैसला करना होगा कि आपके असली दुश्मन कौन हैं?

[डमरू बजाता हुआ जमूरे के साथ निकल जाता है।]

कर्मशील भारती

कर्मशील भारती का जन्म 5 मार्च, 1955 को दिल्ली के मुनिरका गाँव में हुआ। नौवीं कक्षा से ही लेखन के प्रति रुचि निर्माण हुई। स्नातक तक की शिक्षा दिल्ली विश्वविद्यालय से प्राप्त की।

कर्मशील भारती जी ने गीत, गजल, कविता और नयी कविताओं की लगातार रचना की। उनकी पहली रचना सन् 1974 में समापिका नामक पत्रिका में छपी। आगे 'मजूरन' कविता दैनिक हिन्दुस्तान में नवम्बर, सन् 1993 में छपी। 'पीड़ा' और 'बालश्रमिक' 'समाज कल्याण' मासिक पत्रिका में जनवरी और मई, सन् 1996 के अंक में छपीं। रचनाकार भारतीय दलित साहित्य मंच, दिल्ली के संस्थापक सदस्यों में से एक हैं। दलित साहित्य की स्थापना एवं प्रकाशन में कर्मशील भारती जी ने महत्त्वपूर्ण भूमिका निभाई है तथा दलित साहित्य से बौद्ध साहित्य की ओर बढ़ते हुए साहित्य के सृजन में सक्रिय हैं।

रचनाएँ : नाटक–मन्दिर प्रवेश, श्रेष्ठ कौन?, फाँसी, मान-सम्मान, झूठा अहंकार और आजादी किसकी आदि।

गुनाहों की सजा

प्रस्तुत एकांकी में सम्राट मौर्य के वंशज सम्राट देववर्मा के माध्यम से न्याय व्यवस्था को प्रस्तुत किया गया है। सम्राट देववर्मा परमप्रतापी, न्यायप्रिय, प्रजापालक चक्रवर्ती सम्राट हैं। किसी गुनहगार का हाथ-पैर तोड़ना, आँखें फोड़ना, आजीवन-कारावास, मृत्युदंड यही न्याय नहीं है। कई गुनाहों में जिन्दा रहते हुए भी ऐसी सजा दी जा सकती है जिसमें उसे अपने किये हुए गुनाहों का सबक मिल सके। जीवन की जटिलताओं ने व्यक्ति को लक्ष्य भ्रष्ट कर दिशा भ्रमित कर दिया है। परिणामस्वरूप सब कुछ समझते हुए वह गुनाह कर बैठता है। ऐसे गुनहगारों को सही न्याय देना ही राजा का कर्त्तव्य होता है। इस एकांकी के माध्यम से रचनाकार ने यह सन्देश दिया है।

गुनाहों की सजा

•

कर्मशील भारती

पात्र

द्वारपाल	सम्राट
मन्त्री	कृष्णदेव (मुल्जिम-1)
बनवारी (मुल्जिम-2)	रघु चौधरी (मुल्जिम-3)
असरफ बेग (मुल्जिम-4)	दो सिपाही, कुछ दरबारी

दृश्य एक

[मंच पर अँधेरा है। एक ओर से प्रकाश धीरे-धीरे आगे बढ़ता है। उसी के साथ एक आदमी जो दरबान की वर्दी पहने है हाथ में एक भाला लिये मंच के एक तरफ खड़ा हो जाता है। खड़ा हो आवाज लगाता है। आवाज के साथ सम्राट मंच पर आता है साथ में उसका मन्त्री भी है।]

द्वारपाल : होशियार, खबरदार, परमप्रतापी, न्यायप्रिय प्रजापालक, चक्रवर्ती सम्राट देववर्मा दरबार में पधार रहे हैं जो सम्राट अशोक मौर्य के वंशज हैं।

[पर्दे के पीछे से लोग देववर्मा की जय के नारे लगाते हैं। सम्राट मंच के ठीक बीचों-बीच लगे अपने सिंहासन पर जाकर बैठ जाता है। उसके बैठने के बाद मन्त्री भी अपना आसन ग्रहण करता है। सम्राट मन्त्री को आदेश देता है।]

सम्राट : मन्त्री जी, दरबार की कार्यवाही शुरू की जाए।

मन्त्री : सिर झुका कर।

जो आज्ञा है महाराज की।

(और वह अपना खाता-बही खोलता है कुछ पन्ने उलटने के बाद द्वारपाल को सम्बोधित करता है। द्वारपाल मुल्जिम भद्रपाल को दरबार में हाजिर किया जाए।,

द्वारपाल : (*आवाज लगाता है जोर से*)
मुल्जिम भद्रपाल दरबार में हाजिर हो।
(*तभी दो सिपाही एक आदमी को जंजीरों में बाँधे दरबार में आते हैं और सम्राट के सम्मुख खड़े हो जाते हैं।*)

मन्त्री : महाराज इस मुल्जिम ने एक मासूम बच्चे का कत्ल किया है। वह बच्चा गूँगा और बहरा था। अमीर बनने की ख्वाहिश में इसने उस बेजुबान का सर कलम कर दिया। महाराज इसने उस बच्चे की बलि चढ़ाई है।

सम्राट : भद्रपाल, क्या यह सच है कि तुमने एक बच्चे का कत्ल किया है।

भद्रपाल : हाँ महाराज, मैंने उस बच्चे का कत्ल जरूर किया था लेकिन.....।

सम्राट : उसकी बात बीच में ही काटते हुये।
लेकिन ऐसी क्या बात थी, जो तुम्हें उस मासूम की जान लेनी पड़ी?

भद्रपाल : हाथ जोड़कर।
सम्राट, गरीबी, बेकारी, अज्ञानता और अन्धविश्वास ने मेरा दिमाग खराब कर दिया था। सम्राट मुझे एक साधु ने बताया था कि अमीर बनना है तो एक नर बलि देनी पड़ेगी। माँ काली को खुश करना पड़ेगा। यदि माँ काली खुश हुई तो तुम रातों-रात अमीर बन जाओगे, और तुम्हारे सारे पाप भी धुल जाएँगे। तो महाराज मैंने नर बलि ही इसका समाधान समझा।

मन्त्री : सम्राट, इसके नर-बलि चढ़ाने से पूरे राज्य में सनसनी फैल गयी है। प्रजा में आतंक फैल गया है।

सम्राट : मुल्जिम से।
क्या तुम उस साधु को जानते हो?

भद्रपाल : नहीं सम्राट, वह एक दिन हमारे गाँव आया था। उसके बाद आज तक मैंने उस साधु को नहीं देखा।

सम्राट : (*जोर से*) साधु ने कहा और तुमने उसकी बात मान ली। और मासूम को बलि चढ़ा दिया। तुमने बहुत बड़ा अपराध किया है। तुम्हें इस अपराध की सजा मिलेगी। कड़ी से कड़ी सजा मिलेगी, ताकि आइन्दा हमारी प्रजा में कोई भी इस तरह का अपराध करने की कोशिश न कर सके।

भद्रपाल : *(जमीन पर गिरते और सम्राट के पैरों की ओर बढ़ते हुए)* सम्राट, मैं अपने किये पर शर्मिन्दा हूँ। सम्राट, मुझे माफ कर दो.... महाराज मुझे माफ कर दो।

सम्राट : जोर से। नहीं, तुम्हें माफ नहीं किया जा सकता। तुम्हें इस अपराध के लिए मृत्यु दंड दिया जाता है।
फिर मन्त्री की ओर देखते हुए।
मन्त्री जी आज से ठीक सात दिन बाद इसे सरे आम फाँसी पर लटका दिया जाए, ताकि इस जालिम की मौत का तमाशा सभी लोग देख सकें।

मन्त्री : जो आज्ञा सम्राट। *(थोड़ा रुककर)*
क्षमा कीजिए सम्राट, आपके फैसले के बाद किसी भी तरह की दलील देना ठीक नहीं है, लेकिन मेरा एक निवेदन है सम्राट।

सम्राट : हाँ, हाँ कहिए, हम आपकी सलाह पर विचार करेंगे।

मन्त्री : धन्यवाद सम्राट, बहुत-बहुत धन्यवाद। सम्राट, मैं कह रहा था इसे फाँसी के बजाय कोई और सजा दी जाए ताकि इसे अपने गुनाह का एहसास हो सके।

सम्राट : मैं समझा नहीं मन्त्री जी, जरा साफ-साफ कहिए आप क्या कहना चाहते हैं।

मन्त्री : सम्राट फाँसी से तो इसे एक बार में ही छुटकारा मिल जाएगा। सम्राट मौत से ज्यादा मुश्किल है जीना, आज की इस दुनिया में। सम्राट इसे जीने की सजा दी जाए।

सम्राट : थोड़ा आश्चर्य से, क्या मतलब?

मन्त्री : सम्राट, इसे एक अनाथ बच्चे की परवरिश करने की सजा दी जाए। जब मेहनत करके यह उस बच्चे को पालेगा, तब इसे पता चलेगा कि किसी की जान की कीमत क्या होती है।

सम्राट : यह तो अच्छी सलाह दी आपने। जब यह उस यतीम बच्चे को पालेगा-पढ़ाएगा, लिखाएगा, उसके सुख-दुख बाँटेगा तब इसे सही मायने में इनसानियत का एहसास होगा।

मन्त्री : सम्राट, इस तरह एक बच्चे को पिता मिल जायेगा और उस यतीम की जिन्दगी भी सँवर जाएगी।

सम्राट : वाह, मन्त्री जी वाह।
हम आपकी अक्ल की दाद देते हैं। अगर हमारे दरबार में आप नहीं होते तो हमारा राज्य इतना खुशहाल नहीं होता।

मन्त्री : धन्यवाद, सम्राट धन्यवाद, इसका बहुत-बहुत धन्यवाद। सम्राट मैंने तो अपना कर्त्तव्य पूरा किया है। अगर हमारे राज्य का हर आदमी अपना-अपना कर्त्तव्य सही तरह से निभाये तो वह दिन दूर नहीं कि हमारा राज्य एक जीता-जागता स्वर्ग बन जाएगा और हर आदमी खुशहाल होगा, अमन और चैन की साँस लेगा।

सम्राट : ठीक है। भद्रपाल, तुम्हें रिहा किया जाता है, लेकिन यह आदेश दिया जाता है कि तुम आज से एक यतीम बच्चे की परवरिश करोगे। साथ ही यह भी आदेश दिया जाता है कि हर महीने दरबार में आकर उस बच्चे के बारे में हमें सूचना देते रहोगे।

सिपाही जोर से आवाज लगाते हैं—

सम्राट देववर्मा की जय, सम्राट विक्रमादित्य की जय।

शोर खत्म होने के बाद। सिपाही उसे एक ओर ले जाते हैं।

सम्राट : थोड़ी देर में। मन्त्री जी अगले मुल्जिम को दरबार में बुलाया जाए।

मन्त्री : जो आज्ञा, सम्राट। और वह फिर से अपना बही-खाता देखता है, थोड़ी देर बाद द्वारपाल को सम्बोधित करता है।

द्वारपाल, मुल्जिम बनवारी लाल को दरबार में हाजिर किया जाए।

द्वारपाल : जोर से आवाज लगाता है, मुल्जिम बनवारी लाल दरबार में हाजिर हो।

तभी दो सिपाही एक आदमी को जंजीर में बाँधे हुए दरबार में आते हैं, आदशी नशे की हालत में है।

सम्राट : मन्त्री जी, क्या अपराध किया है इस मुल्जिम ने।

मन्त्री : सम्राट, इस आदमी ने अपनी पत्नी को आत्महत्या करने पर विवश किया है। सम्राट, यह रोज शराब पीकर अपने घर जाता। घर जाकर अपनी पत्नी और बच्चों को मारता-पीटता और उन्हें भूखा रखता है। इस तरह तंग आकर इसकी पत्नी ने कल आत्महत्या कर ली।

सम्राट : तुम क्या काम करते हो? बनवारी लाल। तुम ऐसा व्यवहार क्यों करते हो उनके साथ?

बनवारी : शराब, सरकार, शराब..... शराब पीता हूँ।

सम्राट : गुस्से में, क्या बकते हो?

बनवारी : नहीं, सरकार नहीं, बकबकी तो बिल्कुल नहीं लगती। सरकार आप स्वयं पीकर देख लो, यह तो अमृत है, अमृत सरकार।

सम्राट : सिपाही, जरा ठंडा पानी मारो इसके मुँह पर, तब इस बदतमीज को पता चलेगा कि यह किससे बात कर रहा है।

तभी एक सिपाही पानी लाने के लिए एक ओर भागता है लेकिन जब तक वह पानी लाकर उसके मुँह पर फेंके, बनवारी फिर बोलता है।

बनवारी : नहीं सरकार, नहीं। मैं नंगा नहीं हूँ मैंने कमीज पहन रखी है। यह देख लो सरकार।

और वह कमीज को पकड़कर थोड़ा सा ऊपर उठाता है। तभी उसके मुँह पर एक सिपाही गिलास से ठंडा पानी फेंकता है। मुँह पर पानी पड़ने से वह मुँह को हाथ से पोंछता है और अपनी दोनों आँखें खोलता है।

सम्राट : तुमने अपनी पत्नी की हत्या की है।

बनवारी : नहीं सरकार, नहीं। मैंने उसे नहीं मारा। सरकार मैंने तो उसे कल से देखा ही नहीं।

मन्त्री : तुम उसे रोज-रोज मारते-पीटते और खाना भी नहीं देते थे। वह जो भी कमाकर लाती थी, तुम उस सबको छीनकर शराब पी जाते थे। अब तुम ही बताओ वह आत्महत्या नहीं करती तो क्या करती?

बनवारी : नहीं...नहीं? कह दो कि यह सब झूठ है। वह आत्महत्या नहीं कर सकती। सरकार वह तो मेरी सोने का अंडा देनेवाली मुर्गी थी। उसने तो स्वयं मेरी हत्या कर दी। मुझे जीते-जी मार दिया। मुझे कहीं का नहीं छोड़ा सरकार, कहीं का नहीं छोड़ा। (*और वह रोने लगता है।*)

सम्राट : बनवारी, तुमने अपनी पत्नी को आत्महत्या करने पर विवश किया है। उसे रोज-रोज सताया और भूखा रखा। इस अपराध के लिए तुम्हें आजीवन कारावास की सजा दी जाती है।

बनवारी : नहीं सरकार, मेरे बच्चे। मेरे बच्चों की देखभाल कौन करेगा।

सम्राट : आज तुम्हें अपने बच्चों की याद आयी है। जब उन्हें रोज मारते-पीटते और भूखा सोने को विवश करता था, तब नहीं थे बच्चे तेरे। सिपाहियो, ले जाओ इसे, मेरे सामने से।

बनवारी : माफी माँगते हुए थोड़ा सिपाहियों से छूटने का प्रयास करते हुए। माफ कर दो सरकार। माई बाप मुझे माफ कर दो, कल तक मैं शराब के नशे में अन्धा था। लेकिन आज मेरी आँखें खुल गयी हैं, मैं आपको वचन देता हूँ सरकार। आज के बाद फिर कभी शराब नहीं पीऊँगा। मुझे माफ कर दो सरकार। (*तभी दो सिपाही उसे पकड़कर मंच से बाहर ले जाते हैं।*)

सम्राट : मन्त्री जी, इसके बच्चों की परवरिश अब राजकीय कोष से की जाए। साथ ही यह ध्यान रखा जाए कि उन्हें किसी भी प्रकार की

कमी या परेशानी न होने पाए। उन्हें एक अच्छा नागरिक बनने का पूरा अवसर दिया जाए। मन्त्री जी, बनवारी लाल के चाल-चलन और दूसरों के साथ व्यवहार पर भी ध्यान रखा जाए। यदि वह अपने वचन का पक्का निकलता है तो हम उसकी सजा पर एक बार फिर विचार करेंगे।

वजीर : जो आज्ञा सम्राट, मैं आज ही से उनके लिए प्रबन्ध कर देता हूं। तथा बनवारी पर भी ध्यान रखवा देता हूँ।

सभी बोलते हैं सम्राट देववर्मा की जय.....।

सम्राट : मन्त्री, दरबार की कार्यवाही भोजनावकाश के लिए स्थगित की जाती है।

दृश्य दो

[और चारों ओर अँधेरा हो जाता है। थोड़ी देर बाद फिर प्रकाश होता और दरबार की कार्यवाही फिर प्रारम्भ की जाती है।]

सम्राट : मन्त्री जी, अगले मुल्जिम को दरबार में हाजिर किया जाए।

मन्त्री : फिर थोड़ा सर झुकाकर, जो आज्ञा है सम्राट।

और फिर अपना खाता-बही खोलने और, कुछ पृष्ठों को पलटने के बाद द्वारपाल को सम्बोधित करते हैं।

द्वारपाल मुल्जिम रघु चौधरी को दरबार में हाजिर किया जाए।

द्वारपाल : जोर से आवाज लगाता है, मुल्जिम रघु चौधरी दरबार में हाजिर हो। तभी दो सिपाही एक आदमी को सम्राट के सामने लाते हैं, आदमी के दोनों हाथ बँधे हैं।

सम्राट : मन्त्री ज़ी क्या अपराध किया है इस मुल्जिम ने?

मन्त्री : सम्राट, इसने ऐसा अपराध किया है, जिससे हमारे राज्य का अमन-चैन उड़ गया। इसने बसे हुए बहुत से घरों को उजड़वा दिया। बहुत से बच्चों से उनके माता-पिता को हमेशा-हमेशा के लिए अलग करवा दिया। ....न जाने कितनी अबलाओं, बच्चों, युवाओं और बुजुर्गों को मौत के मुँह में धकेल दिया। सम्राट इसने राज्य में साम्प्रदायिक दंगे करवाये हैं। कभी धर्म के नाम पर, कभी जाति के नाम पर, कभी भाषा के नाम पर, कभी क्षेत्र के नाम पर,

तो कभी नेतृत्व की शुद्धता के नाम पर।

सम्राट : रघु, तुम अपनी सफाई में कुछ कहना चाहते हो?

रघु : नहीं सम्राट, मैंने जो कुछ भी किया, ठीक किया है।

सम्राट : रघु, तुमने ऐसा घिनौना काम क्यों किया, क्या तुम्हें अपनी मातृ-भूमि से प्रेम नहीं है। अपने राज्य से लगाव नहीं है?

रघु : सम्राट, प्रेम तो हमें भी है, लेकिन हमारी श्रेष्ठता जो हमें ईश्वर और धर्म से मिली है। उस पर कोई प्रश्न चिह्न लगायेगा, तो हम उसे इस राज्य में किसी भी सूरत में जीवित नहीं रहने देंगे।

सम्राट : अरे व्यक्ति की श्रेष्ठता तो उसके कार्य से, व्यवहार से आँकी जाती है। और धर्म को आधार बनाकर भोले-भाले लोगों को आपस में लड़वाना कौन-सी भली बात है। अरे, धर्म तो मानवता सिखाता है, त्याग और बलिदान सिखाता है।

मन्त्री : सम्राट इन जैसे लोगों ने ही तो धर्म का अधर्म कर दिया है। हमारे इस शान्ति और अहिंसा-प्रिय राज्य में चारों ओर हिंसा और अशान्ति फैला दी है। सम्राट इसे कठोर से कठोर सजा दी जानी चाहिए।

सम्राट : मन्त्री जी, हम तो ऐसे लोगों को सजा देंगे ही, लेकिन हमारे समाज को भी चाहिए कि ऐसे असामाजिक और अमानवीय लोगों के बहकावे में न आयें। ऐसे लोगों को संरक्षण एवं साथ न दें।

मन्त्री : सम्राट जब तक ऐसे लोगों का सर नहीं कुचला जाएगा तब तक देश की एकता और अखंडता को हमेशा खतरा बना रहेगा।

सम्राट : मन्त्री जी, आज ही सारे राज्य में ढिंढोरा पिटवा दो कि कल शाम एक आम सभा में इसे भूखे शेर के सामने छोड़ दिया जाएगा।

मन्त्री : जो आज्ञा है सम्राट। मैं आज ही ढिंढोरा पिटवा देता हूँ।

सम्राट : सिपाहियो, ले जाओ इसे।

रघु : मुझे माफ कर दो सम्राट, मुझे माफ कर दो।

सम्राट : सिपाही ले जाओ इसे.....

और सिपाही उसे एक ओर ले जाते हैं। (*पर्दा गिरता है।*)

दृश्य तीन

[(*पर्दा उठता है*) दरबारियों में खुसफुसाहट चल रही है सम्राट दरबार में दुबारा प्रवेश करता है, दरबारी उठते हैं अब सम्राट

दरबार में बैठा है। एक ओर मन्त्री भी है तभी सम्राट मन्त्री को सम्बोधित करता है। (खुसफुसाहट बन्द हो जाती है।)]

सम्राट : मन्त्री जी, अगले मुल्जिम को बुलाया जाए।

मन्त्री : जो आज्ञा सम्राट की।
और द्वारपाल को बोलता है, द्वारपाल मुल्जिम असरफ बेग को दरबार में बुलाया जाए।

द्वारपाल : मुल्जिम असरफ बेग दरबार में हाजिर हो।
दो सिपाही एक आदमी को सम्राट के सामने लाते हैं।

मन्त्री : सम्राट, इस आदमी ने हमारे मुल्क के उत्तरी क्षेत्र के सारे जंगले कटवा डाले। जंगले के बहुत से जानवर या तो इसने मरवा डाले या वे दूसरे राज्यों में भाग गये। यह उन बेजुबानों की हड्डियाँ एवं खाल का व्यापार करता है।

सम्राट : असरफ बेग, तुम जानते हो कि पेड़ काटने और जानवरों का शिकार करने पर हमने रोक लगा रखी है। फिर भी, तुम अवैध धन्धा क्यों करते हो?

असरफ बेग : सम्राट, यह तो मेरा धन्धा है और धन्धे में तो थोड़ा बहुत जोखिम उठाना ही पड़ता है।

सम्राट : असरफ बेग, तुम्हारे लगातार पेड़ काटने और जानवर के शिकार करने से हमारे राज्य की आबोहवा पर बुरा और गहरा असर पड़ा है। राज्य में कीमती लकड़ियों की कमी पड़ गयी है। जड़ी-बूटियाँ जो हमें इन जंगयों से बेशुमार मिलती थीं अब कम हो गयी हैं। और तुम हो कि इसकी तस्करी बाहर कर रहे हो।

मन्त्री : हाँ सम्राट, पेड़ न होने की वजह से मिट्टी का कटाव हो रहा है। राज्य में पर्यावरण का सन्तुलन दिनोंदिन बिगड़ा है। जिससे हमारे राज्य के प्रत्येक आदमी पर बुरा वक्त आया है। विदेशियों की घुसपैठ व्यापार के नाम पर बढ़ी है। इससे राज्य की सम्प्रभुता पर खतरा बढ़ा है महाराज।

सम्राट : असरफ बेग इन सबके लिए तुम जिम्मेदार हो।

असरफ बेग : इन सबके लिए मैं ही जिम्मेदार नहीं हूँ। मैं दोषी नहीं हूँ।

सम्राट : तो फिर किस का दोष है। हमारा या हमारी प्रजा का। तुम जिसकी जिन्दगी से खेल रहे हो?

असरफ बेग : नहीं सम्राट, नहीं। मैं दोषी नहीं हूँ मैं किसी की जिन्दगी से नहीं खेल रहा हूँ।

मन्त्री : सम्राट, ये पेड़ जो प्रकृति की धरोहर हैं। हमारी सम्पत्ति हैं, हमारी खुशहाली की निशानी हैं।
(*फिर थोड़ा जोर से।*)
इन जैसे समाज के गद्दारों ने काट-काटकर इन्हें तबाह कर दिया है, सम्राट इनकी वजह से ही आज हमारे राज्य के वैद्य, हकीम नयी और अच्छी दवाइयाँ नहीं तैयार कर पा रहे हैं।

सम्राट : तुम्हारी वजह से हमारी प्रजा की सेहत खराब हुई है। उन्हें आज के माहौल की गन्दी और जहरीली हवा मिलती है। क्योंकि पहले इस हवा को जंगले की बेशुमार वनस्पति अपने में सोखकर हमें साफ हवा देती थी। तुम्हीं इन सबके लिए जिम्मेदार हो।

सरफ बेग : नहीं सम्राट, नहीं। मैं जिम्मेदार नहीं हूँ। मैं तो बस व्यापारी हूँ।

मन्त्री : सम्राट इसने आपकी प्रजा की जिन्दगी में ज़हर घोला है। उनकी सेहत और दिमाग बिगाड़ने की पूरी कोशिश की है। हमारे राज्य में कीमती लकड़ियों की कमी भी इसी की वजह से हुई है। जंगलों की तबाही से नयी-नयी बीमारियां पैदा हुई है और आदमी को जीती-जागती लाश बनाने के लिए यही जिम्मेदार है (*असरफ बेग को सम्बोधित करते हुई*) असरफ बेग तुम जानते हो ये पेड़, ये जंगले, ये वनस्पति नहीं रहेंगे तो हम नहीं रहेंगे। तुमने इन्हें तबाह करके बहुत बड़ा जुर्म किया है। तुम्हें इसके लिए सजा मिलेगी। महाराज इसे कड़ी से कड़ी सजा दी जाए।

सम्राट : तुम्हें हुकुम दिया जाता है कि आज से तुम रोज 50 पेड़ लगाओगे, और इनकी निगरानी भी तुम्हें ही करनी पड़ेगी। साथ ही यह भी हुकुम दिया जाता है कि हर महीने दरबार में आकर इसकी खबर देनी पड़ेगी। सिपाहियो ले जाओ इसे।
और सिपाही उसे एक ओर ले जाते हैं।

सम्राट : मन्त्री जी इस आदमी पर पूरी निगरानी रखी जाए। इसके काम की तरक्की की हमें समय-समय पर पूरी खबर दी जाए।

मन्त्री : जो आज्ञा है सम्राट। मैं आज ही दो सिपाही इस काम के लिए लगा देता हूँ।

सम्राट : मन्त्री जी, अब अदालत को अगली तारीख तक स्थगित किया जाता है।
और सम्राट अपने सिंहासन से उठकर चल देता है।
(*फिर पर्दा गिरता है।*)

सुशीला टाकभौरे

सुशीला टाकभौरे का जन्म 4 मार्च, सन् 1954 को बानापूरा (सिवनी मालवा) जिला होशंगाबाद, मध्यप्रदेश में हुआ। गाँव में ही मैट्रिक तक शिक्षा पूर्ण की। सुशीला जी की नानी नगर निगम में नौकरी करते हुए गाँव में सफाई का काम करती थीं। पिता रेलवे कर्मचारी थे, माँ अशिक्षित होते हुए भी शिक्षा के महत्त्व और उसकी जरूरत को जानती थी। सुशीला जी का सन् 1975 में बी.ए. की परीक्षा के बाद नागपुर के सुन्दरलाल टाकभौरे के साथ विवाह हुआ। नागपुर आने के बाद 1975-76 में नागपुर विश्वविद्यालय से बी.एड. किया। जुलाई सन् 1976 में प्रकाश हाईस्कूल, नागपुर में शिक्षिका की नौकरी लगी। नौकरी करते हुए सन् 1986 में एम.ए. प्राइवेट किया। आगे एम.ए. का रिजल्ट आते ही कामठी के सेठ केसरीमल पोरवाल कॉलेज के जूनियर विभाग में हिन्दी प्राध्यापिका के पद पर चयन हुआ। नवम्बर 1991 में पीएच.डी. की उपाधि प्राप्त की।

सुशीला जी साहित्यिक पत्र-पत्रिकाओं में सृजनात्मक लेखन, दलित समाज और नारी की स्थिति पर परिवर्तनवादी आन्दोलन में वैचारिक सक्रिय रही हैं। आकाशवाणी से समय-समय पर प्रसारित होनेवाली परिचर्चाओं में सहभाग। सुशीला टाकभौरे जी को मध्यप्रदेश के दलित साहित्य अकादमी विशिष्ट सेवा सम्मान से सम्मानित किया गया है। सेठ केसरीमल पोरवाल कॉलेज, कामठी (महाराष्ट्र) में अध्यापन का कार्य।

रचनाएँ : नाटक--रंग और व्यंग्य (नाटक संग्रह), नंगा सत्य आदि

कहानी संग्रह--अनुभूति के घेरे, टूटता वहम, संघर्ष।

काव्य संग्रह--स्वाति बूँद और खारे मोती, यह तुम भी जानो, तुमने उसे कब पहचाना, हमारे हिस्से का सूरज आदि।

विवरण--हिन्दी साहित्य के इतिहास में नारी, भारतीय नारी : समाज और साहित्य के ऐतिहासिक सन्दर्भों में।

लेख संग्रह--परिवर्तन जरूरी है।

समर्पित जीवन

प्रस्तुत एकांकी में एक आदर्शवादी शिक्षक की त्रासदी को प्रस्तुत किया गया है। वर्तमान समाज में व्याप्त आर्थिक भ्रष्टाचार को आधार बनाकर कथावस्तु लिखी गयी है। सामाजिक, नैतिक भ्रष्टाचार का मूल कारण है अर्थ। आज अर्थ जीवन के सभी सामाजिक मूल्यों को ध्वस्त कर सबके सिर का छत्र बन बैठा है। वर्तमान समाज में बढ़ती अनीति, बिखराव, स्वार्थ लोलुपता, भौतिकवाद, उपभोक्तावाद ने जीवन के आदर्श को ध्वस्त कर दिया है। शिक्षा तंत्र भी इससे अछूता नहीं रहा है। वर्तमान शिक्षा व्यवस्था में नौकरी पाने के लिए भ्रष्टाचार बढ़ गया है। भ्रष्ट शिक्षा व्यवस्था और कदाचार के लिए व्यवस्था का तंत्र ही दोषी है। प्रस्तुत एकांकी में शिक्षण व्यवस्था में व्याप्त अराजकता को आधुनिक संगति में साकार कर दिया है। अनेक ऐसी शिक्षा संस्थाएँ हैं जो कम वेतन पर अधिक-से-अधिक योग्यता वाले बेरोजगार युवकों को खरीदती हैं। जिनसे दिन-रात मेहनत करवा लेती है साथ ही उन्हें व्यक्तिगत जीवन जीने के अधिकारों से वंचित रखा जाता है। शिक्षक वर्ग, जिसे समाज का शिक्षक होने की धारणा हम मानते हैं, उसी शिक्षक के मनोबल को ध्वस्त करनेवाली व्यवस्था को एकांकी में उजागर किया गया है। प्रकाश हाईस्कूल, नागपुर के एक सहकारी शिक्षक श्री पडोले जी का मानसिक सन्तुलन बिगड़ने के बाद लेखिका उद्वेलित हुई और फिर उन्होंने प्रस्तुत एकांकी की रचना की।

समर्पित जीवन

•

सुशीला टाकभौरे

पात्र

1. बुजुर्ग–शिक्षक • पोशाक - धोती, कुर्ता • उम्र 60 वर्ष।
2. युवक–बेरोजगार • पोशाक - फुलपैंट, शर्ट • उम्र 25 वर्ष।
3. स्त्री–शिक्षक की पत्नी • पोशाक - साधारण साड़ी, ब्लाउज • उम्र 45 वर्ष।
4. पुरुष–पोशाक - कुर्ता, पायजामा • उम्र 50 वर्ष।

मंच सज्जा : आवश्यक सामान--दो बेंच, अखबार, हरे-भरे पौधों के गमले। पर्दा-बगीचे का दृश्य।

अंक एक

दृश्य एक

[पर्दा उठता है। पीछे के पर्दे पर बगीचे का दृश्य है। मंच पर दो बेंच हैं। आसपास गमलों में हरे-भरे फूलों के पौधे हैं। हलका संगीत बजता है। मंच पर लगभग 60 वर्ष का बुजुर्ग आता है। उसके हाथ में अखबार है। वह थोड़ी देर इधर-उधर देखता है। कुछ देर खड़े रहकर अखबार पढ़ता है फिर इधर-उधर देखते हुए, एक बेंच पर बैठता है और अखबार पढ़ने में तल्लीन हो जाता है।]

[लगभग 25 वर्ष का नवयुवक मंच पर आता है। वह बगीचे में घूमते हुए पौधों और फूलों को देखता है। दूसरी बेंच पर बैठता है। इधर-उधर देखने के बाद वह बुजुर्ग को देखता है। बुजुर्ग को गौर से देखते हुए कुछ याद करता है। चहलकदमी करता है। बुजुर्ग से बात

करने में झिझकता है। बुजुर्ग को करीब से देखता है फिर उसी बेंच पर बैठ जाता है। बुजुर्ग के पास सरककर बातें करने की कोशिश करता है। बुजुर्ग का उसकी ओर ध्यान नहीं है। वह पेपर पढ़ते हुए धीरे-धीरे बुदबुदाता है, उँगिएँ गिनता है, ऊपर देखता है, पुनः पेपर पढ़ने लगता है।]

युवक : (*बुजुर्ग का ध्यान अपनी ओर खींचते हुए विनय के साथ*) महाशय जी, ऐसा लगता है, मैंने आपको कहीं देखा है...

(*बुजुर्ग युवक की ओर देखकर अपनी धुन में हँसता है फिर अखबार पढ़ने में तल्लीन हो जाता है।*)

युवक : (*झिझकते हुए*) सर, महाशय जी, शायद आपको मैंने कहीं...

बुजुर्ग : (*मुस्कराते हुए*) ओह, नौजवान, तुमने मुझे कहीं देखा है...

(*ध्यान से देखते हुए व्यंग्य के साथ*) अच्छा...तुमने मुझे कहीं देखा है...? (*हँसता है।*) हाँ देखा होगा, जरूर देखा होगा। बहुत से लोग देखते हैं। तुमने भी मुझे जरूर कहीं देखा होगा... (*हँसता है, पेपर पढ़ने लगता है। पेपर झटकता है फिर पढ़ता है।*)

युवक : (*बुजुर्ग के और नजदीक सरककर विनम्रता के साथ*) जी, सर, आपका परिचय, मेरा मतलब आपका शुभ नाम जानना चाहता हूँ...मेरा मतलब, यदि आपको कोई ऐतराज न हो तो...

बुजुर्ग : (*हाथ उठाकर हँसता है। अपने सिर और चेहरे पर हाथ फेरता है। फिर युवक को देखते हुए*) नाम...? अजी नाम की क्या बात करते हो? क्या सबके चेहरे पर नाम के लेबल लगे हैं? (*हँसते हुए*) कुछ भी नाम हो सकता है, कुछ भी समझ लीजिए... (*सामने इधर-उधर देखता है।*)

युवक : (*थोड़ा डरते हुए*) आप...आप...कहीं सर्विस करते हैं? मेरा मतलब कहाँ...? कहाँ सर्विस करते हैं...?

बुजुर्ग : (*अचानक गम्भीर होकर*) सर्विस? सर्विस यानी कि नौकरी? हाँ, नौकरी। नौकरी मैं कहाँ...करता हूँ...यही पूछ रहे हैं न आप...? (*युवक को घूरकर देखता है।*)

युवक : (*सकपकाते हुए*) हाँ...जी, जी हाँ, जी हाँ...

बुजुर्ग : (*नाराजी से*) करता हूँ या करता था...(*हँसते हुए*) कुछ भी समझ लीजिये आप। वैसे मैं शिक्षा विभाग से सम्बन्धित हूँ, या...सम्बन्धित था...कुछ भी समझ लीजिए...(*लापरवाही से हाथ हिलाता है।*)

युवक : (*सकपकाते हुए*) जी, तो क्या... स्कूल में? मेरा मतलब किसी स्कूल में...?

बुजुर्ग : (*शीघ्रता के साथ*) हाँ, किसी स्कूल में, फिर आप पूछेंगे—कौन से स्कूल

में? फिर पूछेंगे—कब से? फिर पूछेंगे—कब तक? क्या सवाल हैं? अरे, जो कुछ पूछना है, सब एक ही बार में पूछ लो (*गुस्से से देखता है फिर हँसता है।*)

युवक : (*विनम्रता के साथ*) जी...मैंने पिछले साल टीचर ट्रेनिंग ली है। बेकार हूँ। नौकरी न होने से आर्थिक परेशानी में हूँ। किसी स्कूल में नौकरी की तलाश में हूँ। मैं आपसे यही पूछना चाहता हूँ... आप कौन-से स्कूल में हैं...? (*एक तरफ खड़ा हो जाता है।*)

बुजुर्ग : (*हाथ ऊपर करके, बीच में रोकते हुए-*) ऊँ...हूँ... बड़े अजीब हो भाई। तुम भी अजीब बातें करते हो। (*समझाते हुए*) अजी, कोई छोटा-मोटा स्कूल हो तो छोटा-सा नाम बता दूँ। आप तो जानते हैं, आजकल दिन पर दिन इतने स्कूल खुलते जा रहे हैं कि अपने स्कूल का नाम याद रखना भी मुश्किल हो गया है...और फिर, सिर्फ नाम से तो तुम समझ नहीं सकोगे? फिर पूछोगे—यह स्कूल कहाँ है? फिर पूछोगे-स्कूल कैसा है? फिर पूछोगे—मुझे नौकरी मिल सकती है क्या? क्यों? ठीक है न...? (*हँसता है*)

युवक : (*निराशा के साथ*) जी, आप तो कुछ बताना ही नहीं चाहते हैं...

बुजुर्ग : (*नाराजी के साथ*) अरे, भले आदमी, मेरे भाई। बताना क्यों नहीं चाहता? कोई छोटा प्रश्न हो तो मैं जवाब दूँ। हमारे स्कूल की कई शाखाएँ हैं—नागपुर, कामठी, रामटेक, भंडारा, अमरावती, अकोला पूरे देश के गाँव-गाँव में हमारे स्कूल फैले हैं। प्रत्येक शहर में...हाँ, विश्वास करो, शहर के मोहल्ले-मोहल्ले में हमारे स्कूल हैं...

युवक : क्या सचमुच? (*हैरत से देखता है।*)

बुजुर्ग : (*अपनी धुन में बताते हुए*) कोई शिक्षक, किसी एक स्कूल में, एक जगह टिककर रह नहीं सकता। किसी-न-किसी कारण से, अच्छे या बुरे कारण से, सच्चे या झूठे कारण से उसका ट्रांसफर होता ही रहता है। अब मैं कौन से गाँव का नाम लूँ, कौन से मोहल्ले का नाम लेकर अपने स्कूल का नाम बताऊँ? बड़ी परेशानी है भाई...(*हँसता है*) फिर आप यह भी कहेंगे... मैं अपने सहकारी शिक्षकों के नाम बताऊँ? है न...(*बुजुर्ग भोलेपन के साथ हँसता है।*)

युवक : (*हँसते हुए*) हाँ, यदि अपना बताना चाहें तो जरूर बताइये।

बुजुर्ग : (*दुख और भोलेपन के साथ*) यह भी बड़ा कठिन प्रश्न है। प्रायवेट स्कूल का हाल तो आप जानते ही हैं। जो भी होता है, सब ऊपर वालों की दया पर होता है। ऊपर वाले यानी ऊपर वाला भगवान नहीं...व्यवस्थापक

और संचालक मंडल ही स्कूल के शिक्षकों के भगवान होते हैं। कब तक इनकी दया रहेगी?... और कब वे शिक्षकों से नाराज हो जाएँगे इस विषय में कुछ भी कहा नहीं जा सकता। बड़ी-बड़ी चढ़ौती रूपी रिश्वत की रकम देने पर ही इनके मन्दिर में प्रवेश मिल पाता हैं। फिर भी, कब निकाल दिये जाएँगे, इसका कोई भरोसा नहीं। न्याय-अन्याय ये अपने तराजू से तौलते हैं...फिर भी इनके मन्दिर ज्ञान के आदर्श मन्दिर कहलाते हैं...

युवक : (*बीच में रोकते हुए व्यंग्य से हँसकर*) सर, आप अपने सहयोगी शिक्षकों के नाम बताने के विषय में कह रहे थे...

बुजुर्ग : (*कुछ सोचते हुए*) हाँ, सहयोगी शिक्षक... यानी एक स्कूल में अलग विषयों का अध्यापन करनेवाले साथी शिक्षक, यानी...(*सिर खुजाते हुए*) सहकारी शिक्षक। सहकारी शिक्षक तो रहते हैं मगर मुझे किसी का नाम, किसी का चेहरा... याद नहीं रहता... यानी कोई शिक्षक साथी... याद नहीं रहता...

युवक : (*आश्चर्य से*) क्यों सर? ऐसा क्यों...?

बुजुर्ग : (*विचार करते हुए*) हाँ, कारण आप जरूर जानना चाहेंगे। इसका कारण यह है... हर साल कई शिक्षकों के अपॉइटमेट होते हैं और कई शिक्षक टरमिनेट कर दिये जाते हैं... अब मैं किसका नाम बताऊँ?

युवक : (*आश्चर्य के साथ*) सर, क्या सचमुच ऐसा होता है?

बुजुर्ग : (*विश्वास दिलाते हुए*) हाँ, होता क्यों नही है?...यह सब मैं कई बरसों से देख रहा हूँ...और भई, अब आपको क्या बताऊँ? अभी तो हालत यह हो गयी है...जो नये शिक्षक अपॉइटमेट ऑर्डर लेकर आते हैं, उन्हें देखकर लगता है...वे सब टरमिनेशन आर्डर यानी टी.ओ. लेकर जा रहे हैं...ह-ह-ह-ह (*देर तक हँसने के बाद*)—और सुनो, इंटरव्यू के बाद जो शिक्षक 'मॉडेल-लेशन' लेने आता है, वह तो ऐसा लगता है, जैसे कई बरसों से हमारे साथ, सहकारी शिक्षक रह चुका है। अब क्या बतायें...? पूछो मत... ह-ह-ह-ह (*घुटने पर हाथ मारते हुए देर तक हँसता है।*)

युवक : (*कुछ न समझते हुए, गम्भीरता और विनय के साथ*) सर, सुनिये... सर, अगर आपके स्कूल में कोई जगह खाली हो तो...आप...कृपा करके मेरे लिए...प्लीज...सर... (*विनय के साथ हाथ जोड़ता है।*)

बुजुर्ग : (*गँभीरता के साथ देखते हुए*) हाँ, हाँ...जगह खाली है, हर समय खाली ही रहती है। खाली को भरी करना और भरी को खाली करना कोई बड़ी

बात नहीं है...और कृपा हम क्या करेंगे यार...? कृपा तो वही होती है जो ऊपरवाले करते हैं।

[तेज नजरों से युवक की ओर देखता है। मंच पर टहलता है।]

युवक : (*बुजुर्ग के पीछे-पीछे चलते हुए विनय भाव के साथ*) सर, इस समय आप ही मेरी मदद कर सकते हैं। भले ही एक साल के लिए मिले, नौकरी मुझे चाहिए। आप मेरे बड़े भाई जैसे हैं। अब आप से क्या छिपाना... घर की पूरी जिम्मेदारी मेरे ऊपर है। पिताजी रिटायर्ड हैं। बहनों की पढ़ाई और शादी की जिम्मेदारी मुझे ही उठानी है। ईश्वर की दया से माँ-बाप, भाई-बहन, बीवी-बच्चों से भरा-पूरा परिवार है। मैं किसी भी शर्त पर नौकरी करने के लिए तैयार हूँ सर... आप पता बता दें, आपकी बड़ी कृपा होगी भाई साहब...(*पैर छूता है*)

बुजुर्ग : (*ठहरकर, गँभीरता से*) हूँ, तो आपको आवश्यक रूप से कृपा चाहिए, वह भी मेरी कृपा चाहिए। ठीक है... लेकिन सबसे पहले आपको मेरी बातें ध्यान से सुननी पड़ेंगी और मेरे प्रश्नों के उत्तर देने पड़ेंगे।

युवक : (*तत्परता के साथ*) यस सर, ठीक है सर, मैं तैयार हूँ...

बुजुर्ग : (*समझाते हुए*) जब आप नौकरी के लिए अप्लीकेशन और किसी की सिफारिश लेकर हमारी 'शिक्षा संस्था' के ऑफिस में जाएँगे, तब आपकी अप्लीकेशन और आपकी सिफारिश फाइल में बन्द कर दी जाएगी। वहाँ केवल आपका मुआयना किया जाएगा...आपके हाथ, पैर, दिल, दिमाग, आँख, कान, नाक, खून, पसीना सबकी जाँच रिपोर्ट देखी जाएगी। एक्स-रे जैसी तीखी नजरों से आपका मस्तिष्क, आपके विचार, आपके व्यवहार की जाँच की जाएगी। शरीर के प्रत्येक अंग की कार्यक्षमता की अवधि जाँची जाएगी।

युवक : (*विस्मय के साथ*) सर, आप तो बड़ी रहस्यमय बातें बता रहे हैं?

बुजुर्ग : (*गम्भीरता से*) सुनते जाइये... और हाँ...माध्यमिक स्तर पर, मिडिल स्कूल में पढ़ाने के लिए यदि आपके पास एम.ए. की डिग्री है तो कोई हर्ज नहीं...और अगर एम.ए. डिग्रीधारी अधिक आ गये तो पीएच.डी. को प्रधानता दी जाएगी। आप कहेंगे, पीएच.डी. की क्या जरूरत है? तो. ..आपको पता होना चाहिए, हमारी संस्था कम-से-कम वेतन पर अधिक-से-अधिक योग्यतावाले शिक्षकों को खरीदती है, समझे...

युवक : (*आश्चर्य से देखते हुए*) जी हाँ, समझ रहा हूँ...

बुजुर्ग : (*अपनी धुन में तन्मय होकर*) अगर मान लो, आपका सलेक्शन हो गया तो आपको मानना पड़ेगा कि आपका अपॉइंटमेंट सिर्फ एक वर्ष के लिए

हुआ है। समझे या नहीं?

युवक : (*मुस्कराते हुए*) जी सर, समझ रहा हूँ...

बुजुर्ग : (*गम्भीरता से*) आपको ईमानदारी की शपथ लेनी होगी। संस्था के व्यवहार और कारनामों को गोपनीय रखना होगा। हमेशा, हर जगह अपनी संस्था की प्रशंसा करनी होगी। समझे कि नहीं? और हाँ, बैंक से पूरी तनखाह लेने के बाद, ईमानदारी के साथ, पूरी तनखाह ऑफिस में वापस करनी होगी। मैनेजमेंट आपको जितना वेतन देना चाहेगी, आपको उतना ही लेना पड़ेगा...समझे। अरे, आँखें फाड़कर क्या देख रहे हो, सुनना है कि नहीं?

युवक : (*हँसते हुए*) जी... जी हाँ, सुनना है, कहिए...बताइए...

बुजुर्ग : (*चिढ़ते हुए*) बताइए? क्या बताइए? यह कोई कहानी है क्या? क्या मैं तुम्हारा शिक्षक हूँ? तुम्हें कुछ बता रहा हूँ? क्या बात है? आपको समझ में नहीं आता है क्या? (*आँखें तरेरते हुए कहता है।*)

युवक : (*चिन्ता के साथ*) जी, मुझे तो नौकरी चाहिए, नौकरी। मुझे आपकी सब बातें मंजूर हैं। बस आप मुझ पर मेहरबानी करें और कृपा करके अपने स्कूल का नाम-पता बता दें...

बुजुर्ग : हाँ, हाँ नौकरी (*सोचते हुए*) तो आप ड्यूटी कब से आ रहे हैं? सभी जानकारी आपको मिल चुकी है, और कुछ पूछना हो तो पूछ लो।

युवक : (*बुजुर्ग को ध्यान से देखते हुए*)- सर आप चाय पियेंगे?

बुजुर्ग : (*युवक की बात को न सुनते हुए, अपनी बात दोहराता है*) हाँ... आपको कुछ और पूछना हो तो पूछ लो।

युवक : (*खिन्नता के साथ*) अब मैं कुछ भी नहीं पूछना चाहता। आपको जो बताना हो, बताइए। मैं चुपचाप सुनूँगा।

बुजुर्ग : (*सोचते हुए*) अच्छा-अच्छा, ठीक है। तनखाह आपको तीन महीने बाद ही मिलेगी, लेकिन यूनिफॉर्म पहले दिन से ही चाहिए। यूनिफॉर्म बच्चों का नहीं, आपका यूनिफॉर्म, समझे। सातों दिन के लिए दो जोड़ी सफेद पोशाक। सातों दिन यानी...रविवार का छुट्टी का दिन भी ड्यूटी के दिन में शामिल रहता है...प्रत्येक रविवार को, किसी-न-किसी बात के लिए 4-5 घंटों की मीटिंग होती है। मीटिंग न होने पर रविवार को शिक्षक अपने छात्रों की एक्स्ट्रा क्लास लेते हैं। एक्स्ट्रा क्लास उन्हें लेना ही पड़ता है। शिक्षक हो इसलिए स्कूल में हमेशा यूनीफॉर्म ही आना पड़ता है...

युवक : (*बुजुर्ग को थोड़ी देर देख, सिर हिलाते हुए, धीरे से*) जी, अच्छा...

बुजुर्ग : (*समझाते हुए*) रहने के लिए मकान की चिन्ता नहीं करना। हमारी संस्था शिक्षकों के रहने के लिए होस्टल बना रही है। होस्टल सिर्फ आपके लिए होगा, आपके बीवी-बच्चों के लिए नहीं। अगर विवाह न किया हो तो जीवन भर विवाह न करने की शपथ ले लेना। अगर बीवी है तो उसे मायके भेज देना। मायके से उसे लाने का या उसे अपने साथ रखने का कोई प्रश्न नहीं होगा क्योंकि आपके पास नौकरी करने के बाद इतना वक्त ही नहीं होगा जिसे आप अपने बीवी-बच्चों को दे सकें...

युवक : (*आश्चर्य के साथ*) सर, क्या आपके यहाँ ऐसा ही होता है?

बुजुर्ग : (*सोचते हुए*) हाँ, तो मैं क्या कह रहा था? हाँ, आपको तनखाह...केवल बेसिक तनखाह प्राप्त होगी। बीवी को हर महीने केवल बेसिक खर्च ही भेजना। बेसिक खर्च यानी केवल भोजन और कपड़ों का खर्च। अगर बच्चे हैं तो उन्हें बीवी के मायके में रखना या किसी रिश्तेदार के घर छोड़ देना। आप चाहें तो अपने बच्चों को अनाथालय में भी छोड़ सकते हैं। आप अपने केवल बेसिक खर्च पर ध्यान दें और बेसिक पेमेन्ट ही लें। आपको इन बातों का हमेशा ध्यान रखना होगा...

[युवक बुजुर्ग की बातों को बेकार बातें समझकर ध्यान नहीं देता है।]

बुजुर्ग : (*युवक को इधर-उधर देखते हुए, देखकर डाँटते हुए*) इधर-उधर क्या देख रहे हो, मेरी बातें ध्यान से सुन लो। मैं आपकी भलाई के लिए कह रहा हूँ। मेरी बातें याद रखोगे तो स्कूल में अधिक दिन टिक सकोगे। आपको प्रतिदिन पन्द्रह घंटे ड्यूटी करनी होगी। सुबह नौ बजे से शाम सात बजे तक, स्कूल सम्बन्धी काम करने पड़ेंगे। शेष अधूरे काम पूरे करने के लिए लगभग 4-5 घंटे घर में भी काम करना होगा...समझे...

युवक : जी अच्छा (*आश्चर्य से बुजुर्ग की ओर देखता है।*)

बुजुर्ग : (*हावभाव के साथ समझाते हुए*) रिजल्ट बनाना भी आसान काम नहीं है भाई...इस समय तो अच्छों-अच्छों को नानी याद आ जाती है। एड़ी-चोटी का पसीना बहाना पड़ता है। कम्प्यूटर और कैलक्यूलेटर भी उतना सोच-विचार के साथ जोड़-घटाना नहीं कर सकते, जितना रिजल्ट बनाने के समय शिक्षकों को करना पड़ता है। लेखी, मौखिक, प्रात्यक्षिक, सभी विषयों के यूनिट टेस्ट, सेमिस्टर परीक्षा के अंक भरना, जोड़ना, औसत निकालना, आड़ा जोड़, खड़ा जोड़ करके महायोग निकालना... (*थोड़ा ठहर जाता है।*)

युवक : (*बुजुर्ग की बात ध्यान से सुनते हुए*) फिर, इसके बाद।

बुजुर्ग : (*गम्भीरता से*) इसके बाद...रिजल्ट शीट भरो, बच्चों के परीक्षाफल के कार्ड तैयार करो, साथ ही अधिक-से-अधिक बच्चों के पास होने की जिम्मेदारी लो। अगर आपका रिजल्ट कम आये, तो इसकी पूरी जिम्मेदारी, अपनी अयोग्यता के रूप में, अपने सिर पर लो। इस अपराध को स्वयं स्वीकार करो। हर साल, हर विषय के कम रिजल्ट के लिए माफीनामा भर कर दो। ऐसे बहुत काम हैं भैया...

युवक : (*आश्चर्य के साथ देखते हुए*) जी अच्छा, लेकिन, इतना काम...?

बुजुर्ग : (*समझाते हुए*) आप घर में रहकर ईमानदारी के साथ इतना काम नहीं कर सकते... इसलिए, आपकी सुविधा के लिए आपको घर-परिवार से दूर रखने की व्यवस्था की जाएगी। आपको अपनी सुविधा का ध्यान स्वयं रखना होगा। रोगमुक्त रहने के लिए-'कम खाना और कम सोना' नियम का पालन करना होगा...अनावश्यक बातों और जरूरतों का बहिष्कार करना होगा...

युवक : (*परेशानी के साथ*) मेरे भाई, यह सब तो मैं कर लूँगा लेकिन मेरे बीवी बच्चों का क्या होगा?

बुजुर्ग : (*गम्भीरता से*) अपने बच्चों का खयाल आपको कभी नहीं आएगा क्योंकि आपके स्कूल के सभी बच्चे आपके ही बच्चे हैं—ऐसा आपको समझना होगा... और आपको उनकी शिक्षा, उनका विकास, उनके भविष्य सम्बन्धी सभी जिम्मेदारियों को उठाना होगा। अगर आपका नौकरी करनी है तो चौबीसों घंटे—उठते-बैठते, खाते-पीते, हँसते-रोते, जागते-सोते, अर्थात् हर समय अपनी ड्यूटी, अपने कर्तव्यों का चिन्तन करना है... समझे—(*युवक को देखता है।*)

युवक : (*हँसते हुए*) अच्छा भाई, और क्या करना होगा...?

बुजुर्ग : (*अपनी धुन में सिर हिलाते हुए*) आराम करना, स्वादिष्ट भोजन बनाना और खाना, सुख-सुविधाओं की अनावश्यक सामग्रियाँ जुटाना, हँसना, बोलना, बतियाना-जैसे बेमतलब के कामों में अपना कीमती समय व्यर्थ नहीं गँवाना है—इस बात की सतर्कता तुम्हें हमेशा रखनी होगी...वैसे आप निश्चिन्त रहें, आपको ज्यादा कुछ नहीं करना है...केवल अपना जीवन समर्पित करना है। समझे... देखते क्या हो? क्या जीवन समर्पित करने का अर्थ नहीं समझते? (*गुस्से से देखता है।*)

युवक : (*बुजुर्ग के बदलते हाव-भाव को देखकर हँसते हुए*) जी हाँ, जीवन का अर्थ मैं समझता हूँ और 'जीवन समर्पित' करने का अर्थ आप समझा रहे हैं...

बुजुर्ग : (*अपनी धुन में*) हाँ... आगे की बाते भी समझ लो। भई, मेरा काम तो

सबका भला करना है। जहाँ तक हो सके, जितना हो सके- मैं सबकी मदद करने के लिए तैयार रहता हूँ बाकी करना तो सब आपको ही है... हाँ भाई, हाँ...ह...ह...ह...ह...

[सिर हिलाते हुए देर तक हँसता है।]

युवक : (*बुजुर्ग की बातें सुनकर हँसते हुए, धीरे से*) वाह क्या बात है? क्या जीवन है...? क्या समर्पित जीवन है...?

[बुजुर्ग उसकी इन बातों को सुनकर नाराज होता है।]

बुजुर्ग : (*गुस्से से*) क्या कहा? क्या कहा? तुमने क्या कहा...?

[धीरे-धीरे उसका गुस्सा बढ़ता जाता है। वह युवक को गौर से देखता है। अधिक गुस्सा होने पर भी हाथ जोड़ता है।]

बुजुर्ग : (*नाटकीय विनम्रता से*) हाँ, आप...आप कुछ कह रहे हैं...हाँ... क्या कहा आपने? अभी-अभी आपने धीरे से कुछ कहा है, क्या कहा है? यही कह रहे हो...यही कि आप ऊपर वालों के रिश्तेदार हो, हेडमास्टर...मैनेजमेंट के रिश्तेदार हो...क्या सचमुच...तो, तो आप हमारे अजीज हो। आज से ही आप, हमसे सीनियर हो गये हो...। जी हम, आपसे हाथ जोड़कर कहते हैं, हम आपकी हर बात सुनेंगे। आज जैसा कहेंगे वैसा ही करेंगे. .. हम आपकी हर तरह से मदद करेंगे। (*हाथ जोड़ते हुए, पैर छूता है।*)

युवक : (*विस्मय के साथ पीछे हटते हुए*) भाई साहब, आप यह क्या कर रहे हैं?

बुजुर्ग : (*झुककर हाथ जोड़े हुए*) आपके जो भी काम हों—घरेलू काम, बाहर के काम, स्कूल के काम, अपने सभी काम हमें जरूर बताइये... हम आपके सभी काम करेंगे, खुशी के साथ करेंगे... आप तो हमारे माई-बाप हो, आप हर बात में हमसे बड़े हो, हमसे अधिक योग्य हो, आप हमसे सीनियर हो... आप लायक हो, हम नालायक हैं। किसी भी तरह आपको आगे लाया जाएगा, ऊपर बढ़ाया जाएगा और हम और हम... पीछे कर दिये जाएँगे...। सबसे पहले प्रमोशन आपको मिलेगा ओर हम.... हम अयोग्य ठहरा दिये जाएँगे... हाँ भाई, हाँ... (*इधर- उधर देखते हुए*) प्रमोशन, प्रमोशन... ह-ह-ह-ह-

[हँसते-हँसते अपने सिर के बाल पकड़कर रोता है फिर युवक को गुस्से से घूरता है।]

युवक : (*कुछ न समझते हुए*) मैं माफी चाहता हूँ... भाई साहब... आप मुझे गलत समझ रहे हैं... आप मुझ पर नाराज क्यों हो रहे हैं...?

बुजुर्ग : (*गुस्से से हुमकते हुए*) आप... आप... ऊपर वालों के रिश्तेदार हैं? क्या आप हमसे आगे बढ़ जाएँगे? हूँ...इंचार्ज...सुपरवाइजर...हेडमास्टर... सब

आप ही बनोगे? आपकी हुकुमशाही...आपकी तानाशाही चलेगी...? मैं आपकी कोई बात नहीं मानूँगा... (*दर्शकों को बताते हुए ऊँची आवाज में*) मैं सबसे सीनियर हूँ... देखो, मेरे बाल सफेद हो गये हैं... मैंने अपने स्कूल के लिए अपना पूरा जीवन समर्पित कर दिया है... (*रोते हुए अपने हाथों से अपने बालों को खींचता है। अचानक उसका गुस्सा भड़क उठता है*)

बुजुर्ग : (*युवक को गुस्से से देखते हुए फुफकारता है*) कौन हो तुम...? कौन हो? तुम यहाँ क्यों आये हो? तुम हमसे आगे बढ़ोगे? हमको नये कानून सिखाओगे? ...तुम...तुम...

युवक : (*डरते हुए*) सर, आपको क्या हो गया? मैंने ऐसा कुछ नहीं कहा-

[बुजुर्ग झपटकर आगे बढ़ता है, युवक का कॉलर पकड़ लेता है और उसकी कमीज फाड़ देता है।]

युवक : (*घबराकर चिल्लाते हुए*) बचाओ... भाइयो... मुझे बचाओ... अरे कोई मुझे बचाओ...

[मंच पर एक प्रौढ़ व्यक्ति आकर बुजुर्ग को पकड़ता है। बुजुर्ग किसी तरह उससे छूटकर युवक को झँझोड़ने की कोशिश करता है साथ ही चीखता है।[

बुजुर्ग : (*गुस्से से चीखते हुए*) छोड़ दो मुझे...मैं इसे नहीं छोडूँगा... मैं इसे मार डालूँगा... इसने मुझे बहुत सताया है... मुझे छोड़ दो...मैं इसे देख लूँगा...

युवक : (*कुछ न समझते हुए, अपनी सफाई देता है*) पता नहीं, इन्हें क्या हो गया है? मैंने इनसे कुछ भी नहीं कहा, बेकार मुझ पर गुस्सा कर रहे हैं।

[गुस्से के कारण बुजुर्ग की आँखें लाल हो जाती हैं। मुँह से सफेद झाग निकलता है। सिर के बाल बिखरे हुए हैं। वह हाथ-पैर पटकते हुए छूटने की और युवक पर झपटने की कोशिश करता है। प्रौढ़ व्यक्ति बुजुर्ग को पकड़े हुए उसे श[ान्त करने की कोशिश करता है।]

[मंच पर एक प्रौढ़ स्त्री बुजुर्ग की पत्नी आती है। वह बुजुर्ग को शांत करती है। युवक को देखकर उससे हाथ जोड़कर माफी माँगती है।]

स्त्री : (*युवक और प्रौढ़ पुरुष से*) माफ करना भैया जी।

युवक : कोई बात नहीं, आप इन्हें घर ले जाइये।

[प्रौढ़ पुरुष मंच से चला जाता है।]

स्त्री : (*युवक से*) माफ करना भाई साहब... मैं आपसे माफी माँगती हूँ।

युवक : (*कमीज ठीक करते हुए*) ये बुजुर्ग कौन हैं? ये ऐसा क्यों कर रहे हैं?

स्त्री : (*हाथ जोड़कर दुखी आवाज में*) माफ करना भाई साहब, ये मेरे पति हैं। इनका मानसिक सन्तुलन बिगड़ गया है। घर में इन्हें बन्द करके रखा जाता है। न जाने आज कैसे बाहर निकल आये...

युवक : (*अपनेपन से*) बहन जी, क्या ये हमेशा ऐसा करते हैं...?

स्त्री : (*दुख के साथ*) हाँ भाई, ये पागल हो गये हैं। मैं बहुत देर से इन्हें ढूँढ़ रही हूँ। एक जमाना इनका भी था जब ये आदर्श शिक्षक माने जाते थे। पूरे प्रान्त में इनके जैसा मेहनती और कर्तव्यनिष्ठ शिक्षक दूसरा नहीं था। आदर्श शिक्षक के अनेक पुरस्कार इन्हें मिले हैं। सभी लोग इनका सम्मान करते थे... कितने शॉल और फूलों के हार इन्हें सम्मान में मिलते रहे हैं।

युवक : (*अफसोस से हाथ मलते हुए*) ओह, फिर ऐसा क्यों करते हैं ये?

स्त्री : (*दुख के साथ*) पता नहीं कौन से कारण हैं...? ऐसी कौन-सी परिस्थितियाँ इनके सामने आयीं...? पता नहीं कौन-सी घटनाओं ने इन्हें इतना सन्तप्त और दुखी किया, जिससे ये अपना मानसिक सन्तुलन खो बैठे। उम्र अभी पचास के लगभग है मगर हालत देखिये... कितने बुजुर्ग दिख रहे हैं। इनकी ऐसी मानसिक हालत देखकर स्कूल से इन्हें सेवामुक्त कर दिया गया है। स्कूल की बातें यह भूल नहीं पाते हैं, इसी से इनकी ऐसी हालत हो गयी है। भाई साहब, आप इन्हें माफ कर देना...

युवक : हाँ, लेकिन कुछ कारण जरूर होगा जिसके कारण ये अपना मानसिक सन्तुलन खो बैठे हैं...

स्त्री : (*दुख के साथ*) अब क्या बतायें भाई, प्रायवेट स्कूल में थे, इन्हें विश्वास था... धीरे-धीरे प्रमोशन से ऊँचे पदों पर पँहुचेंगे। स्कूल के हर काम में सबसे आगे रहे हैं। बहुत ज्ञानी हैं, अध्ययनशील, ईमानदार, मेहनती हैं... लेकिन इनका विश्वास लगातार तोड़ा गया। ये तन-मन से टूटते गये। रिश्तेदारों और डोनेशन देनेवालों को प्रमोशन दिये गये, इन्हें प्रमोशन के समय झूठे आरोप लगाकर रोक दिया गया... तभी से ये... (*बुजुर्ग को देखती है।*)

[बुजुर्ग अपने दोनों हाथ सिर पर रखे हुए बेंच पर चुप बैठा है। पत्नी उसे हाथ पकड़कर, खींचते हुए ले जाने की कोशिश करती है। बुजुर्ग चीखने लगता है। स्त्री उसे खींचते हुए ले जाने का प्रयत्न करती है।[

बुजुर्ग : (*चीखते हुए*) मेहनत मैं करूँगा... प्रशंसा दूसरों को मिलेगी। इतनी मेहनत के बाद मुझे क्या मिला? मेमो... टरमिनेशन ऑर्डर... मेरी क्या

गलती थी? कुछ भी नहीं... फिर भी... फिर भी सम्मान की जगह अपमान-अपमान... (*अपने बाल खींचते हुए रोता है।*)

स्त्री : (*समझाते हुए*) चुप हो जाइये... इतना गुस्सा, क्यों करते हो? इतना दुखी क्यों होते हो... सब ठीक हो जाएगा...

बुजुर्ग : (*गुस्से से*) छोड़ दो मुझे... छोड़ दो... छोड़ दो...मुझे देश की रक्षा करनी है। मुझे नयी पीढ़ी के आदर्शों का निर्माण करना है। नयी पीढ़ी का व्यक्तित्व-विकास करना है। मुझे पूरे समाज की चिन्ता है—मुझे छोड़ दो... मैं समाज को नयी दिशा देना चाहता हूँ...मेरा जीवन देश के लिए है... मेरा जीवन समाज के लिए है...। समाज के, स्कूल के बच्चों को साहित्य, कला, संगीत, व्यायाम सिखाना है। इतिहास पढ़ाना है। गणित, विज्ञान भाषा सब कुछ पढ़ाना है...

[युवक मंच एक कोने में चुपचाप खड़ा रहता है। बुजुर्ग विस्फारित नेत्रों से इधर-उधर देखता है। हाँफता है फिर ठहर-ठहरकर रहस्यमय ढंग से कहता है।]

बुजुर्ग : (*चीखते हुए*) मैंने भी शतरंज सीख ली है... मुझे शतरंज के लिए मोहरे तैयार करना है। मैं शिक्षक नहीं हूँ... अपने मालिक के किले का पहरेदार हूँ... अपनी शिक्षा संस्था का पहरेदार हूँ... (*देर तक हँसता है। पत्नी उसे ले जाने का प्रयत्न करती है।*)

बुजुर्ग : (*गुस्से के साथ समझाते हुए*)—मुझे छोड़ दो... मुझे मेरे कर्तव्य पूरे करने दो... मुझे जाने दो... मेरे ऊपर बहुत बड़ी जिम्मेदारी है, बहुत सारे काम हैं। (*अचानक चीखने लगता है*) बहुत सारे काम हैं, मुझे छोड़ दो... (*पत्नी उसे खींचते हुए ले जाती है।*)

युवक : (*याद करते हुए स्वगत*) हाँ, मुझे याद आ गया... मैंने इन्हें शिक्षक अधिवेशन में देखा था... बहुत बड़े शिक्षक अधिवेशन में देखा था... (*हाथ मलते हुए हँसता है। बुजुर्ग और उसकी पत्नी को जाते हुए देखता है फिर याद करते हुए जोर से पुकारकर पूछता है*)

युवक : (*नेपथ्य की ओर देखते हुए, ऊँची आवाज में*) ओ बहनजी... सुनिये... मुझे यह तो बता दो, ये महाशय कौन से स्कूल में शिक्षक थे...? बहन जी... ये मास्साब कौन से स्कूल में थे? मुझे इनके स्कूल का नाम-पता बता दो... प्लीज, मुझे इनका नाम तो बता दो...

[बुजुर्ग और उसकी पत्नी चले जाते हैं। युवक को प्रश्न का उत्तर नहीं मिलता। नेपथ्य में बुजुर्ग की चीख-पुकार और कही गयीं बातों की आवाज गूँजती है।]

आवाज : मुझे छोड़ दो... मुझे देश की रक्षा करनी है... मैं समाज को दिशा दूँगा... मैं समाज का भविष्य बनाऊँगा... मैं देश के लिए राणा प्रताप और शिवाजी पैदा करने जा रहा हूँ... मुझे शतरंज का मोहरा मत बनाओ, मैंने भी शतरंज सीख ली है... मैं किले का पहरेदार हूँ ... मैं अपने मालिक के किले का पहरेदार हूँ... मुझे मेरे कर्तव्य पूरे करने दो... मैं आदर्श शिक्षक हूँ... मेरा कोई घर नहीं है... मेरा कोई परिवार नहीं है... मैं देश के लिए समर्पित हूँ... मेरा जीवन समाज के लिए समर्पित है... मेरा जीवन स्कूल के लिए समर्पित है... मैं अपनी शिक्षक संस्था के लिए समर्पित हूँ... मैं समर्पित हूँ... मैं समर्पित हूँ...

[युवक आवाज की ओर ध्यान देकर सुनता है।]

[धीरे-धीरे आवाज धीमी होती है। युवक हताश होकर, अपने दोनों हाथ सिर पर रखता है और आकाश की ओर ऊपर देखता है। युवक पर प्रकाश केन्द्रित होता है।]

[धीरे-धीरे पर्दा गिरता है।]

अनीता भारती

अनीता भारती का जन्म एक सामान्य गरीब दलित परिवार में 9 फरवरी, सन् 1965 में दिल्ली के सीलमपुर क्षेत्र में हुआ। माँ जावित्री देवी तथा पिता दुलारे लाल भारती के सात बच्चों में पाँचवे नम्बर पर अनीता भारती अपनी माँ की खूब लाडली हैं। अनीता भारती की प्राथमिक शिक्षा सीलमपुर, दिल्ली के एम.सी.डी. स्कूल से हुई तथा छठी से बारहवीं तक की शिक्षा दिल्ली प्रशासन के यमुनापार स्थित झीलकुरंजा दिल्ली के सीनियर सैकेंडरी स्कूल से हुई।

अनीता भारती के माँ-बाप अपने सात बच्चों को पालने के लिए रात-दिन मेहनत करते थे। इनकी माँ सब भाई-बहनों के साथ मिलकर रात-दिन लिफाफे बनाने का काम करती थी। पिता दर्जी का काम करते थे। पर एक दर्जी की तनखा और माँ के घरेलू काम से घर नहीं चल पाता था। इसलिए वे अक्सर फैक्ट्री में भी रुककर रात-दिन काम करते और एक-एक सप्ताह बाद घर आते।

अनीता जी ने अत्यधिक कठिन परिस्थिति में अपनी स्कूली शिक्षा पूर्ण की। पढ़ाई पूरी करने के बाद सामाजिक कार्य से लगातार जुड़े रहकर जानी-मानी थियेटर हस्ती त्रिपुरारी शर्मा जी के थियेटर ग्रुप 'अलारिपू' में काम किया। यहाँ कुछ नुक्कड़ नाटकों में काम किया तथा गाँव-गली बस्तियों में उन नाटकों के शो किये। साथ-साथ घर के पास की एक दलित बस्ती में, कांतिनगर में दलित बच्चों के लिए अनौपचारिक स्कूल चलाया। बारहवीं कक्षा के बाद बी.ए. हिन्दी ऑनर्स करते-करते दलित छात्र-छात्राओं के संगठन 'मुक्ति' से जुड़कर कार्य किया। 'मुक्ति' उस समय दिल्ली विश्वविद्यालय में दलित छात्र-छात्राओं के साथ हो रहे दाखिले से सम्बन्धित भेदभाव के खिलाफ काम कर रही थी। बाद में रामजस कॉलेज से हिन्दी में एम. ए. करते हुए 'मुक्ति' का नेतृत्व किया। दलित छात्र-छात्राओं के दाखिले में हुई नाइंसाफी के खिलाफ पाँच दिन आमरण अनशन पर बैठकर उस समय के कुलपति मुनीस रजा से सारी माँगें मनवाने में सफलता प्राप्त की।

अनीता भारती भारत की पीस कैम्प की सदस्य थीं। इस पीस कैम्प के दूसरे टीम के सदस्य राजीव सिंह से अनीता जी की मुलाकात हुई। पीस कैम्प से लौटने

के बाद अनीता भारती ने 1992 में राजीव सिंह से अन्तरजातीय विवाह किया। और उसी साल उनकी दिल्ली प्रशासन में हिन्दी प्राध्यापक की नौकरी भी लगी।

अन्तरजातीय विवाह के कारण अनीता भारती को अपनी ससुराल में बहुत कुछ सहना पड़ा। कई बार इनके पति को घर से बाहर अचानक निकाल दिया जाता पर इनके पति अपने मजबूत इरादों से हर वक्त इनके साथ खड़े रहते और दोनों मुश्किलों का मुकाबला मिलकर करते और फिर अपने सामाजिक कामों में लग जाते। दलितों के लिए एक अलग वैकल्पिक मीडिया की स्थापना के लिए अनीता भारती के घर से प्रसिद्ध सामाजिक संघटन 'कदम' (सेंटर फॉर ऑल्टरनेटिव दलित मीडिया) की स्थापना हुई। कदम में काम करते हुए उन्होंने कुछ समय दलित अस्मिता का पत्र 'अभिमूकनायक' का सम्पादन किया। इस दौरान उन्होंने दलित साहित्य पर लिखना शुरू किया। उनका लेखन मूलतः दलित स्त्री और उसके चिन्तन पर रहा। दलित स्त्री सवालों पर उन्होंने अनेक लेख लिखे। इन लेखों के जरिए उनका नाम दलित महिला लेखन में अग्रणीय माना जाने लगा है। उनकी अब तक कई कहानियाँ आ चुकी हैं। उनकी कविताएँ भी खूब सराही जाती हैं। प्रतिष्ठित पत्र-पत्रिकाओं में दलित-आदिवासी महिलाओं के सवाल पर निरन्तर लेखन कर रही हैं।

अम्बेडकरवादी पत्रिका 'अपेक्षा' की उपसंपादक रह चुकी हैं। रमणिका फाउंडेशन से निकलनेवाली पत्रिका 'युद्धीत आम आदमी' के 'स्त्री नैतिकता का तालिबानीकरण' की अतिथि सम्पादक के रूप में भी कार्य किया। सामाजिक क्रांतिकारी गब्दूराम वाल्मीकि पर शोधपरक लघु पुस्तिका लिखी। साथ ही काश्मीरी कविता की जनक संत ललद्यह पर खोजपरक लेख लिखा।

अनीता भारती को अब तक कई पुरस्कार मिल चुके हैं। जिनमें 1994 में राधाकृष्णन शिक्षक पुरस्कार, 2007 में इन्दिरा गाँधी शिक्षक सम्मान, 2008 में दिल्ली राज्य शिक्षक सम्मान, 2010 में दलित आदिवासी पत्रिका द्वारा विरसा मुंडा सम्मान, 2011 में दलित साहित्य एवं सांस्कृतिक अकादमी द्वारा वीरांगना झलकारी बाई सम्मान।

दहाड़ उठा था सिंह

'दहाड़ उठा था सिंह' सन् 2002 में लिखा गया एक एकांकी है। जिसका मंचन देश के कई स्थानों पर हुआ। जे.एन.यू. में इसका मंचन हुआ। प्रस्तुत एकांकी डॉ. बाबासाहब अम्बेडकर जी के ऐतिहासिक महाड सत्याग्रह को लेकर लिखी गया है। यह ड्रैमटिक स्ट्रीटप्ले एकांकी नुक्कड़ नाटक है। भारतीय समाज में वर्ण व्यवस्था के

कारण दलितों का हमेशा ही शोषण होता रहा है। दलितों का उद्धार करने के लिए समाज में कई बार प्रयास हुए हैं। ऐसा ही एक प्रसंग डॉ. बाबा साहब अम्बेडकर जी के जीवन में आया जिसका ऐतिहासिक महत्त्व है।

डॉ. अम्बेडकर ने अपना सम्पूर्ण जीवन दलितों के उद्धार के लिए समर्पित किया है। 'दहाड़ उठा था सिंह' प्रस्तुत एकांकी में अनीता भारती ने चावदार तालाब का पानी दलित समाज को पीने की दृष्टि से किये गये सत्याग्रह को चित्रित किया है। इस एकांकी के माध्यम से दलित समाज का पशुता एवं वर्ण भेद के खिलाफ किया गया संघर्ष दर्शाया गया है। साथ ही दलित समाज के लोगों पर पड़े हुए पुराने बावले अनिष्ट विचारों के मैल को साफ करने का संदेश देते हुए शिक्षा के प्रति उन्हें जाग्रत करने का प्रयास किया है। आज की समाज व्यवस्था प्राचीन काल से ही अपने परम्परागत रूप में चली आ रही है। आज वर्ण-भेद के कारण ही शोषण के विभिन्न रूप समाज में पनपे हैं। वर्ण व्यवस्था के रूढ़िवादी और परम्परागत रूप ने समाज में ऊँच-नीच, जाति भेद, छुआछूत जैसी अनेक बुराइयों को जन्म दिया है।

दहाड़ उठा था सिंह

•

अनीता भारती

पात्र

अखबारवाला | संभाजीराव गायकवाड़
बाबा साहब डॉ. अम्बेडकर | व्यक्ति 1 से 10
सूत्रधार-1 | सूत्रधार-2
सूत्रधार-3

साजसज्जा : दृश्यानुसार व पात्रानुकूल वेशभूषा व परिवेश का सृजन

दृश्य एक

[एक व्यक्ति जोर-जोर से बोलकर चिल्लाता हुआ मंच पर आता है–आज की ताजा खबर, आज की ताजा खबर....]

अखबारवाला : महाड नगरपालिका ने अपने अधिकार क्षेत्र में आनेवाले चावदार तालाब को सार्वजनिक रूप से खोल दिया है (*मंच पर सूत्रधार आता है।*)

सूत्रधार-1 : सूखे पड़े हैं कुएँ, सूखे पड़े हैं मटके,
पानी से रीते, पानी के बिन जीते हम।
पशु पीते, पंछी पीते, पीते सभी अधर्मी कुकर्मी,
न पी सकते केवल वो, जो समाज में अछूत कहलाते।

सूत्रधार-2 : तालाब तो सार्वजनिक था किन्तु वहाँ के अस्पृश्य सवर्णों के भय से तालाब को प्रयोग नहीं करते थे। बाबा साहब और उनके सहयोगियों ने सोचा अब वक्त आ गया है अपने अधिकार प्राप्ति

का और उनके लिए संघर्ष करने का। यही सोचकर महाड में 19 और 20 मार्च को जिला बहिष्कृत सभा आयोजित की गयी। (*मीटिंग का दृश्य, महिला-पुरुष बैठे हैं।*)

दृश्य दो

संभाजीराव गायकवाड़ : सभा में उपस्थित हजारों की संख्या में आये सज्जनो और बहनो मैं आपका इस सभा में स्वागत करता हूँ हमें पता है आप अपने मन में दृढ़ निश्चय और संकल्प के साथ आये हैं, आपका फिर से स्वागत है और अब मैं अपने प्रिय नेता डॉ. अम्बेडकर से अनुरोध करूँगा कि वह इस सभा के बारे में विस्तार से बताएँ। **[बाबा साहब के खड़े होते ही जोर-जोर से तालियाँ बजती हैं।]**

डॉ. अम्बेडकर : भाइयों और बहनो, आज मैं आपके सामने चावदार तालाब से आपका स्वागत करता हूँ। यह प्रदेश हमारा है, यह तालाब हमारा है, मुझे आज यह बताते हुए खेद हो रहा है कि इस प्रदेश में एक समय हम बहुसंख्या में थे। इसी प्रदेश में हमारे समाज के लोग हेडमास्टर, सूबेदार, जमींदार थे। हमारी शौर्य और बुद्धि के आगे मराठे तक झुककर सलाम करते थे। मुझे यह कहते हुए दुःख हो रहा है कि जिस अंग्रेजी सरकार की महाड़ सेना हमारे दलित लोगों के बिना पूरी नहीं होती थी आज उसी सरकार ने लोगों का सेना में प्रवेश बन्द कर दिया है। मेरे भाइयों और बहनों शिक्षित बनो। दास वृति को अपने अन्दर से निकाल फेंको। मेरी बहनो मैं आपसे कहता हूँ अपने मन पर पड़े पुराने बावले अनिष्ट विचारों के मैल को धोकर साफ करो। मेरे समाज के लोगो मृत जानवरों का मांस खाना बन्द कर दो। अपने बच्चों में शिक्षा की ज्योति जलाओ। (*तालियाँ बजती हैं*) सभा में उपस्थित व्यक्ति एक-एक कर अपने विचार रखता है।

व्यक्ति-1 : अस्पृश्यता हिन्दू धर्म पर लगा हुआ कलंक है।

व्यक्ति-2 : अछूतों को भी सवर्णों की तरह ही नागरिक अधिकार मिलने चाहिए।

व्यक्ति-3 : मृत जानवरों का योग्य प्रबन्ध हो। वे जिसके घर मरेंगे वही उनका बन्दोस्त करेगा।

व्यक्ति-4 : अस्पृश्यों को नौकरी पर रखा जाना चाहिए।

व्यक्ति-5 : देहात में पानी की असुविधा दूर हो।

व्यक्ति-6 : दलित समाज में मृत जानवर खाने की रूढ़ि दूर हो।

व्यक्ति-7 : दलितों में शिक्षा के प्रति सख्ती की जाए।

व्यक्ति-8 : नशाबंदी पर सख्ती हो।

व्यक्ति-9 : अछूत छात्रों के लिए मधुकरी मांगने की सुविधा हो।

व्यक्ति-10 : इन कार्यों में सवर्ण अपना योगदान दें।

डॉ. अम्बेडकर : आज हम यह दस माँगों वाला प्रस्ताव जारी करते हैं, और अब हमारे इन प्रस्तावों का क्रियान्वयन का समय आ गया है। आज हम उस चावदार तालाब का पानी पियेंगे जिसका पानी धर्मी-अधर्मी, पशु-पक्षी सभी पी सकते हैं, केवल हम नहीं।

सूत्रधार-1 : यह घोष नहीं उद्वेष था
रोती मानवता का रोष था
लेकिन अब फूट निकलेगा
दबा हुआ जो आक्रोश था।

सूत्रधार-2 : एक तरफ थे दलित जननायक
दूसरी तरफ थे रंगे सियार
दम भरते थे दलित प्रेम का
पर अन्दर-अन्दर चलते चाल

सूत्रधार-3 : घबरा उठे समाज के ठेकेदार
छू लिया अगर पानी भी तो
समाज देगा इनको धिक्कार।

[चावदार तालाब में दलितों के पानी पीने की बात पर तथाकथित दलित सुधार की बात करनेवाले नेता डरकर घबरा उठे और डरकर अम्बेडकर से चावदार तालाब का पानी ना पीने और अपनी जिद्द छोड़ने के लिए कहने लगे]

1. अभी हम यह कैसे कर सकते हैं, जनमत हमारे अनुकूल नहीं है।
2. यह सौ कोस वाली हनुमान छलाँग है।
3. यह तो अशुद्ध विचार है।
4. यह तो सरासर उतावलापन है।
5. तुम अनेक वर्षों की चारदीवारी को एकाएक सुरंग लगा रहे हो।

[सूत्रधार मंच पर आते हैं]

सूत्रधार-1 : गरज उठा है एक सिंह

सूत्रधार-2 : नाम था जिसका भीम।

डॉ. अम्बेडकर : जैसा हम सोचते हैं, वैसा ही करेंगे आप अपने रास्ते जा सकते हैं, हम अपने रास्ते पर अडिग हैं, हमारा रास्ता है संघर्ष का, पशुता के खिलाफ संघर्ष, वर्ण भेद के खिलाफ संघर्ष। साथियो और अब हम तीन-तीन की पंक्तियों में चावदार तालाब जायेंगे।

सूत्रधार-1 : बढ़ रहा है कारवाँ
बढ़ रहे हैं कदम, भिंच रही हैं मुट्ठियाँ
करोड़ों करोड़ मानव, दासता में दबे
पाने अपने अधिकार, करने न्याय की गुहार
चल पड़े हैं लाम बंद
चल पड़े हैं कतार बद्ध

सूत्रधार-2 : दहाड़ उठा है एक सिंह
गूँज रही उसकी तलवार
दलित आकाश का सूर्य, नाम है भीम।

डॉ. अम्बेडकर : चावदार तालाब की एक-एक बूँद
पहचान दलित संघर्ष की
पहचान दलित अधिकार की
माँगे से मिले अधिकार न, अधिकार तो छीने जाते हैं।
[बाबा साहब झुककर पानी पीते हैं और उसके बाद सभी पानी पीते हैं]

सूत्रधार-1 : डॉ. अम्बेडकर ने ढाई हजार लोगों के साथ चावदार तालाब का पानी पिया, यह समाचार जंगल में आग की तरह फैल गया। हिन्दू गुस्से से जल उठे।

सूत्रधार-2 : जगह-जगह उन्होंने अस्पृश्यों पर जुल्म ढाये, उनके घर तोड़ दिये, खाने में मिट्टी डाल दी उनको खूनमखून कर दिया।

सूत्रधार-1 : और तो और उन्होंने तालाब को गोमूत्र से पवित्र किया।

सूत्रधार-2 : और उन्होंने कोलाबा के जिला मजिस्ट्रेट से आवेदन किया कि दंड प्रक्रिया संहिता की धारा 144 लगा दें ताकि अस्पृश्य चावदार तालाब का पानी न पी सके। लेकिन मजिस्ट्रेट ने उनका कहना नहीं माना। मजिस्ट्रेट ने उन्हें सलाह दी कि वे अदालत जाएँ और अपने एकमात्र उपभोक्ता होने का दावा साबित करें।

सूत्रधार-1 : फिर अदालत में क्या हुआ?

सूत्रधार-2 : होना क्या था?

सूत्रधार-1 : विभिन्न जातियों ने, नौ हिन्दुओं ने अदालत में केस दर्ज किया और जज से कहा कि ये तालाब निजी सम्पति है और अछूतों को कोई हक नहीं बनता कि वे वहाँ जाकर तालाब पर पानी पियें।

सूत्रधार-2 : फिर क्या हुआ?

सूत्रधार-1 : अदालतें ब्राह्मण समाज की और जज भी ब्राह्मण। जज ने 14 दिसम्बर को उन हिन्दुओं को चावदार तालाब का पानी अस्पृश्य न पी सकें इसके लिए स्टे ऑर्डर दे दिया।

सूत्रधार-2 : मुझे पता है कि स्टे ऑर्डर दिया गया? ताकि दलित लोग एक उचित नेतृत्व में इकट्ठे न हो जाएँ दूसरे वे उनके आन्दोलन को फेल करना चाहते थे।

सूत्रधार-1 : परन्तु आन्दोलन तो फेल नहीं हुआ। बल्कि एक और मजबूत आन्दोलन की नींव रखी गयी।

सूत्रधार-1 : हाँ एक तरफ तो सवर्णों ने चावदार तालाब के पानी को गोमूत्र से साफ किया दूसरा न्यायाधीश द्वारा दिये गये सवर्णों के पक्ष में फैसले के कारण बाबा साहब और उनके सहयोगियों का खून खौल उठा, उन्होंने तय किया कि 25, 26 दिसम्बर को चावदार तालाब के पानी के संघर्ष को लेकर सम्मेलन और सत्याग्रह होगा।

सूत्रधार-2 : सम्मेलन का शुभांरभ बड़े जोरदार तरीके से हुआ।

सूत्रधार-1 : जोरदार तरीके से वो कैसे?

सूत्रधार-2 : बाबा साहब ने अपने बौद्धिक और तेजस्वी भाषण में सिंह गर्जना करते हुए कहा–

बाबा साहब : हम ऐसे ग्रन्थों की तीव्र भर्त्सना और निन्दा करते हैं जो समाज में असमानता पैदा करते हैं। हम वेद, पुराण और स्मृति के प्रमाण को नकारते हैं और हम आज 25 दिसम्बर को हमारी सामाजिक, आर्थिक, राजनैतिक गुलामी को कायम करने वाली 'मनुस्मृति' को दहन कर अपने सत्याग्रह को आरम्भ करेंगे यह किताब हमारे लिए विनाशकारी है। हमें गड्ढे में धकेलने वाली है।

[पुस्तक जलाने का सीन]

सूत्रधार-1 : और इस तरह 25 दिसम्बर, 1928 का वह दिन दलितों की मुक्ति का आदर्श ऐतिहासिक दिन बन गया।

सूत्रधार-2 : वो तो है लेकिन मात्र मनुस्मृति दहन से ही सवर्णों के समाज की चूलें हिल गयीं।

सूत्रधार-1 : अब ब्राह्मणवाद के ठेकेदार इन सत्याग्रहियों के पीछे हाथ धोकर पड़ गये।

सूत्रधार-2 : जितने ही ये ठेकेदार अपने रंग दिखाये चाहे पुलिस फोर्स लगवाकर, चाहे सत्याग्रहियों को अपमानित करके उतना ही आन्दोलन जोर पकड़ता जा रहा था।

सूत्रधार-1 : पूरा भारतवर्ष धड़कनें रोककर दलितों के इस आन्दोलन को विस्मय की दृष्टि से देख रहा था।

सूत्रधार-2 : जब सरकार ने देखा डॉ. अम्बेडकर, उनके साथी और अनुयायी किसी भी अत्याचार, किसी भी दबाव में नहीं आ रहे हैं और अपने अधिकारों के लिए पहाड़ की तरह अटल खड़े हैं तो उन्होंने बाबा साहब के पास अपने नुमाइंदे भेजे और आश्वासन भी भिजवाया कि अगर बाबा साहब और उनके सहयोगी सत्याग्रह बन्द कर देते हैं तो अस्पृश्यता उन्मूलन में सरकार हमारी सहायता करेगी।

सूत्रधार-1 : असल में सरकार बुरी तरह डर गयी थी क्योंकि सरकार ब्राह्मणों की और बाबा साहब की लड़ाई भी ब्राह्मणवाद की थी।

सूत्रधार-2 : और जरूरत भी थी लड़ाई आगे बढ़ाने की।

सूत्रधार-1 : इसीलिए काफी सोच-समझकर, भारी मन से, सबके सहयोग से फैसला लेना पड़ा।

सूत्रधार-2 : पर यह फैसला था बड़ा चतुराई वाला।

सूत्रधार-1 : बाबा साहब ने भरी सभा में कहा—

बाबा साहब : साथियो बड़े दुःख की बात है न्यायालय के आखिरी फैसले तक हमें अपने सत्याग्रह को स्थगित करना पड़ेगा। मैं सरकार से नहीं डरता। हमारा सत्याग्रह ब्राह्मणवाद के खिलाफ है अतः हम आन्दोलन में अकेले हैं। दूसरे सरकार हमारी पूर्ण रूप से सहायता करने का आश्वासन दे रही है। फिर भी हम चावदार तालाब पर अधिकार करके रहेंगे। यह हम सबका निश्चय है, हम इसे पूरा किये बिना चैन से नहीं बैठेंगे।

सूत्रधार-2 : फिर क्या हुआ।

सूत्रधार-1 : फिर क्या था। अगले दिन हजारों दलित लोग जत्थे पर जत्थे बनाये झंडे और बैनर लेकर चावदार तालाब पर पहुँचे उसके चार चक्कर लगाये और वहाँ जाकर सवर्णों को बता दिया कि अब वह दिन दूर नही जब कुएँ, तालाब, सड़क हमारे होंगे, हम संघर्ष करेंगे और पाएँगे और तुम केवल देखोगे और देखोगे।
बढ़ी है ऐसी आँधी, ना रुकेगी किसी तरह,
यह क्रान्ति की मशाल, बढ़ी चलेगी, बढ़ी चलेगी।

अशोक कुमार

अशोक कुमार जी का जन्म 1 नवम्बर, सन् 1972 में बाखरपुर बालैनी, जिला बागपत, उत्तर प्रदेश में हुआ। उनके पिता जी का नाम श्री बिशन सिंह। माता का नाम श्रीमती शीला देवी। एम.ए. हिन्दी साहित्य में किया। भारत सरकार, रक्षा मन्त्रालय, रक्षा अनुसन्धान तथा विकास संगठन (डी.आर.डी.ओ) के रक्षा वैज्ञानिक सूचना तथा प्रलेखन केन्द्र (डेसीडॉक), मेटकॉफ हाउस, दिल्ली में वरिष्ठ सहायक (हिन्दी) के पद पर कार्यरत। हिन्दी भाषा को राजभाषा के रूप में कार्यान्वित करने के लिए इन्होंने राजभाषा कार्यान्वयन समितियों का गठन, हिन्दी पखवाड़ा, हिन्दी संगोष्ठियों का आयोजन तथा हिन्दी कार्यशालाओं का आयोजन किया तथा डी.आर.डी.ओ की गृह पत्रिकाएँ, समाचार तथा प्रौद्योगिकी विशेष, प्रकाशन शृंखला के अन्तर्गत चार तदर्थ प्रकाशन, डेसीडॉक की गृह पत्रिका ज्ञानदीप, संगोष्ठी स्मारिका इत्यादि पत्रिकाओं का सम्पादन कार्य।

हिन्दी अकादमी, दिल्ली द्वारा 2001-02 एवं 2002-03 का नवोदित लेखक पुरस्कार, हम सब साथ-साथ दिल्ली द्वारा 2009 का हिन्दी सेवी सम्मान, शिक्षक विकास परिषद गोवा द्वारा 2009 का साहित्य भूषण पुरस्कार, सुरभि साहित्य संस्कृति अकादमी, खंडवा, मध्यप्रदेश द्वारा सन् 2010 का स्व. श्री चन्द्रमणि वशिष्ठ स्मृति सम्मान, पंचवटी सेवा समिति, नयी दिल्ली द्वारा 2011 का राजभाषा सेवी सम्मान आदि।

प्रमुख कृतियाँः साहित्य की विविध विधाओं पर लेखन-कविताएँ, लेख, ग़ज़ल, एकांकी, हाईकू, क्षणिकाएँ एवं लघुकथाएँ आदि।

वारिस

अशोक कुमार जी का वारिस एकांकी हिन्दी अकादमी पुरस्कार प्राप्त है। प्रस्तुत एकांकी वर्तमान समय में हो रहे स्त्री भ्रूण हत्या जैसे ज्वलन्त प्रश्न को लेकर लिखा गया है। यह एकांकी मूल रूप से समाज में व्याप्त एक भीषण बुराई की ओर इशारा करता है। इसमें लिंग भेद को आधार बनाया गया है। किस प्रकार समाज आज भी लड़कियों की उपेक्षा

करता है। वह एक सुन्दर बहू तो चाहता है परन्तु बेटी नहीं चाहता। इसमें अपने वारिस की चाहत में स्त्री भ्रूण हत्या के बारे में बताया गया है। साथ ही यह भी कि शिक्षित होने के बावजूद आज भी कुछ ऐसे परिवार हैं जो अभी तक लड़का-लड़की में भेद करते हैं। पता नहीं क्यूँ हम प्रकृति के कार्यों में बाधा बनने की कोशिश कर रहे हैं। न जाने क्यूँ हम सृष्टि के साथ खिलवाड़ कर रहे हैं। अरे जब बेटियाँ ही नहीं होंगी, तो वे माँ कैसे बनेंगी, और जब वे माँ नहीं बनेंगी, तो बेटे ही कहाँ से आएगे। हम यह जानते ही नहीं हैं कि कोई भी समाज न तो किसी पुरुष के बगैर पूरा हो सकता है और न ही किसी महिला के बिना। महिलाओं को तो अर्धांगिनी कहा ही जाता है और ये इनसान का आधा अंग होती भी हैं, परन्तु जब ये आधा अंग ही नहीं होगा तो इनसान क्या खाक होगा।

इस एकांकी में कुछ इन्हीं बिन्दुओं पर समाज को जागरूक करने का प्रयत्न किया गया है।

वारिस

•

अशोक कुमार

पात्र

हरपाल : दिल्ली पुलिस में कार्यरत, उम्र 30 वर्ष
अरुणा : हरपाल की पत्नी, उम्र 26 वर्ष
विनीत : सरकारी कार्यालय में कार्यरत, उम्र 28 वर्ष
सन्ध्या : विनीत की पत्नी, उम्र 25 वर्ष
मायादेवी : विनीत की माँ, उम्र 50 वर्ष
मंच सज्जा : कस्बाई परिवेश युक्त मंच व पात्रों की वेशभूषा।

दृश्य एक

[अस्पताल का दृश्य। हरपाल और उसकी पत्नी अपने चार वर्षीय बड़े बेटे संजू को लेकर अस्पताल आते हैं। डॉक्टर द्वारा संजू का चैकअप करने तथा दवाइयाँ इत्यादि देने के बाद वे डॉक्टर के कमरे से बाहर निकल जाते हैं। रास्ते में विनीत मिलता है, जो अपनी पत्नी का चैकअप कराने के लिए अस्पताल आता है।]

हरपाल : हैलो विनीत, अरे यार पहचाना कि नहीं....

विनीत : ओ हो, हरपाल जी, कैसी बात करते हो यार! भला पहचानूँगा क्यूँ नहीं। यारों को भला कोई भूलता है। मगर आप यहाँ कैसे!

हरपाल : कैसे क्या यार, बच्चों ने तंग कर रखा है, और क्या। कितना भी समझाओ, मगर बच्चों पर कोई फर्क नहीं पड़ता। माँ-बाप तो जैसे बेवकूफ होते हैं। कहा था कि अभी उम्र कम है, क्रिकेट मत खेलो, मगर वो सुनें तब तो। अपने आपको सचिन तेंदुलकर समझते हैं।

क्रिकेट खेल रहे थे और लगवा बैठे बॉल। अब परेशानी तो हम लोगों को ही होती है न, मगर उनकी बला से।

अरुणा : छोड़ो जी, आप भी क्या महाभारत सुनाने लग गये। ये कौन हैं।

हरपाल : अरे सॉरी अरुणा, मैं तुम्हें बताना ही भूल गया। मैंने तुम्हें विनीत के बारे में बताया था न, ये वही है। इसकी पोस्टिंग बाहर हो गयी थी, इसलिए ये हमारी शादी में नहीं आ सका। मगर अब इधर ही आ गया है और लगता है कि शादी भी कर ली है। क्यों भाई विनीत, मैं ठीक कह रहा हूँ न।

विनीत : हाँ यार, मगर प्लीज माफ करना, मैं आपको अपनी शादी में नहीं बुला सका। सब कुछ इतनी जल्दी हुआ और फिर इतनी दूर.....

हरपाल : अरे कोई बात नहीं यार! सब चलता है। लव मैरिज की है न!

विनीत : (*डरते हुए....*) हाँ, मगर आपने कैसे जाना।

हरपाल : भई पुलिस वाले हैं, कुछ तो तजुर्बा होगा ही न।

विनीत : हाँ जी, वो तो है।

हरपाल : अरे यार, बातों ही बातों मैंने ये तो पूछा ही नहीं कि तुम यहाँ कैसे। और हाँ, भाभी को भी लेकर आये हो न। सब कुछ ठीक तो है। कोई खुशखबरी है क्या!

विनीत : हाँ जी, सब ठीक है, बस थोड़ा चैकअप कराना था।

हरपाल : (*पत्नी की ओर इशारा करते हुए...*) सुनो श्रीमती जी, जरा विनीत की पत्नी का चैकअप तो करा लाओ। और हाँ, अगर विनीत की जरूरत पड़े तो बताना, हम यहीं बैठे हैं। काफी दिनों बाद मिले हैं, थोड़ी गप-शप हो जाए।

अरुणा : ठीक है जी, मैं ले जाती हूँ। मगर घर पे मुन्ना रो रहा होगा।

हरपाल : अरे कुछ नहीं होगा। मम्मी सँभाल लेंगी। और फिर हम कौन-सा यहाँ पूरे दिन रहनेवाले हैं। बस कुछ ही देर की तो बात है।

अरुणा : ठीक है जी!

(अरुणा सन्ध्या को लेकर चैकअप कराने चली जाती है। हरपाल और विनीत आपस में बातें कर रहे हैं।)

हरपाल : हाँ तो भई विनीत, अब सुनाओ, गृहस्थी कैसी चल रही है। सब ठीक है। पहली बार अस्पताल आये हो या.....

विनीत : हाँ जी, अभी तो पहली ही बार आये हैं। मैंने तो अभी मना किया था कि अभी बच्चे की कोई जल्दी नहीं है, परन्तु घरवालों के दबाव में ये रिस्क लेना पड़ा।

हरपाल : इसका मतलब भाभी गर्भवती है। क्यों, है ना?

विनीत : हाँ यार, लगता तो ऐसा ही है।

हरपाल : क्यों पता नहीं है क्या? कुछ शक है क्या?

विनीत : नहीं.... शक वाली तो कोई बात नहीं, बस डॉक्टर पक्का कर दे।

हरपाल : अरे तो क्या हुआ, अभी पता चल जाएगा। अच्छा सुनो, तुमने अल्ट्रासाउंड कराया कि नहीं?

विनीत : नहीं, अभी तो ऐसा कुछ नहीं किया। आज पहली बार ही तो हम चैकअप के लिए आये हैं।

हरपाल : कोई बात नहीं, पहली बार ही सही, मगर अल्ट्रासाउंड जरूर करवा लेना।

विनीत : ठीक है, देखेंगे। मगर भाभी कह रही थी कि मुन्ना रो रहा होगा। क्या छोटा बच्चा भी है?

हरपाल : हाँ, एक-डेढ़ साल का लड़का है।

विनीत : मगर दो साल पहले तो तुम कहते थे कि एक लड़का तो है, बस एक लड़की और हो जाए तो परिवार पूरा हो जाएगा और घर, घर बन जाए।

हरपाल : हाँ यार, वो तो ठीक है, मगर आज के जमाने में लड़की को पाल-पोसकर बड़ा करना बहुत बड़ी बात है। मैं अपने ऑफिस में रोजाना देखता हूँ कि कोई-न-कोई शिकायत दर्ज कराने आ ही जाता है कि उसकी लड़की किसी के साथ भाग गयी। अखबार में रोज तुम पढ़ते ही हो कि प्यार में पागल प्रेमी ने लड़की के ऊपर तेजाब फेंक दिया या लड़की को गोली मार दी। और कुछ न बना तो प्यार में असफल होने पर प्रेमियों ने आत्महत्या कर ली। अवैध सम्बन्धों के कारण हत्याएँ होना तो आम बात है ही। हो न हो, ये सब सभी शादी के पहले के ही सम्बन्ध होते हैं, बाद में परेशान करते हैं। लोग समझते तो हैं नहीं। शादी के बाद भी अपने सम्बन्धों को अपनी जागीर समझते हैं। ये नहीं समझते कि जिस लड़की की शादी हो चुकी है, वह शायद अब तुमसे वास्ता भी नहीं रखना चाहती, मगर वो मानते ही नहीं। इसलिए लड़की को ये सब झेलना पड़ता है। और तो और, एक बार एक लड़की एक लड़के के साथ भाग गयी तो उसके पिताजी ने शर्म से आत्महत्या कर ली और समाज ने उसके परिवार को घर से बाहर निकाल दिया। इस घटना से मैं तो इतना डर गया और...। और फिर यदि हमारे पास साधन हैं, सुविधाएँ हैं, विकल्प हैं, तो क्यूँ न हम उनका फायदा उठायें।

विनीत : मगर आप प्रकृति के विरुद्ध कैसे जा सकते हैं। प्रकृति के खिलाफ

कार्य करने से हमेशा नुकसान ही होता है। और फिर बच्चे तो भगवान की देन होते हैं। नहीं... यह पाप है।

हरपाल : छोड़ो यार, क्या अनपढ़ों जैसी बातें करते हो। इतना पढ़ने-लिखने के बाद भी तुम इन दकियानूसी बातों में विश्वास करते हो। मैं तो कहता हूँ कि मेरी बात मान लो, पाप और पुण्य के चक्कर में पड़ोगे तो केवल पछताओगे।

विनीत : ओके, पहले रिपोर्ट तो अच्छी आये, तब सोचेंगे।

[उधर दोनों की पत्नियाँ डॉक्टर से बात कर रही हैं।]

डॉक्टर : बधाई हो सन्ध्या जी, आपका शक ठीक है, आप दो माह के गर्भ से हैं।

सन्ध्या : धन्यवाद डॉक्टर साहिबा, कोई डर की बात तो नहीं।

डॉक्टर : नहीं, सब कुछ ठीक है, मगर थोड़ी सावधानी तो बरतनी ही पड़ेगी।

सन्ध्या : हाँ जी, वो तो है।

अरुणा : डॉक्टर साहिबा, क्या अब हम जा सकते हैं।

डॉक्टर : हाँ, मैं ये कुछ दवाइयाँ लिख रही हूँ, नियमित रूप से लेती रहना।

सन्ध्या : जी डॉक्टर!

[अरुणा और सन्ध्या डॉक्टर के कमरे से बाहर आ जाती हैं।]

अरुणा : बधाई हो सन्ध्या, तुम माँ बनने वाली हो। अच्छा एक बात बताओ तुम्हें पहला बच्चा क्या चाहिए। लड़का या लड़की?

सन्ध्या : क्या दीदी, आप कैसी बात कर रही हो। बच्चे तो भगवान का रूप होते हैं, फिर उसमें चयन कैसा। लड़का हो या लड़की, होगा तो मेरा ही हिस्सा।

अरुणा : नहीं.... मैं तो इसलिए कह रही हूँ कि अगर पहला बच्चा लड़की हो जाये तो माँ के लिए सहारा हो जाता है। कम से कम माँ के काम में तो हाथ बँटाती ही है। और यदि लड़की घर में आ जाए तो समझो लक्ष्मी घर में आ गयी। घर का माहौल ही बदल जाता है। एक सभ्य घर तभी बनता है जब उसमें एक लड़की होती है। हमारे घर में संजू के पापा बच्चों को न जाने कैसी-कैसी गालियाँ देते रहते हैं, पुलिसवाले हैं न, असर तो होगा ही। अगर घर में लड़की होती तो न तो घर में कोई गालियाँ देता और न ही घर का माहौल बिगड़ता। मुझे देखो, मेरे पास लड़की नहीं है तो हर रक्षा बन्धन और भैया दूज पर बच्चे उदास रहते हैं। हालाँकि इन बच्चों की एक बुआ है, मगर वो कभी आती हैं और कभी नहीं। बेचारे बच्चे मुझसे कहते हैं कि मम्मी, हमारी बहन क्यों नहीं है? हमारे लिए भी एक बहन ला दो न। मगर मैं इन बच्चों को कैसे समझाऊँ कि बेटा, मैं तो चाहती हूँ मगर तुम्हारे पापा मानें तब ना।

सन्ध्या : क्यों, इसके पापा क्यों मना करते हैं लड़की के लिए।

अरुणा : क्या बताऊँ सन्ध्या, पता नहीं इन्होंने ऐसा क्या देखा है जो ये लड़की नहीं चाहते। जब भी मुझे गर्भ ठहरता है, ये अल्ट्रासाउंड करवा लेते हैं। दो बार तो इसी चक्कर में न चाहते हुए भी मेरा गर्भपात करा चुके हैं। बहन तुम तो जानती ही हो गर्भपात कराना कोई हँसी-खेल नहीं। काश... अगर ये अल्ट्रासाउंड की खोज न हुई होती, तो किसी भी लड़की की यूँ पैदा होने से पहले ही हत्या न होती।

सन्ध्या : सच कहती हो दीदी, लेकिन आप मुझसे ऐसा क्यूँ कह रही हो।

अरुणा : क्योंकि मुझे मालूम है कि संजू के पापा ने विनीत को भी सारे नुस्खे बता दिये होंगे।

सन्ध्या : वैसे दीदी, विनीत ऐसे नहीं हैं, साल-भर से देख रही हूँ। अभी तक तो मुझे ऐसे लगे नहीं कि ऐसे मामलों में भी दूसरों की बात को ज्यादा अहमियत दें। और वैसे भी वो तो ये चाहते हैं कि बच्चा ठीक-ठाक हो जाए।

अरुणा : अरे नहीं सन्ध्या, इन मर्दों का कोई भरोसा नहीं होता। पता नहीं कब इनकी नीयत में फर्क आ जाए। वो विनीत को ऐसा पढ़ायेंगे कि बेचारा सब कुछ भूलकर उनकी ही बात याद रखेगा, तुम देखती रहना।

सन्ध्या : अच्छा दीदी, मैं ध्यान रखूँगी। मुझे लगता है कि अब हमें चलना चाहिए, काफी देर हो गयी है।

[अरुणा और सन्ध्या, हरपाल एवं विनीत के पास आती हैं, तो हरपाल उनसे पूछते हैं।]

हरपाल : हाँ, संजू की मम्मी, क्या कहा डॉक्टर ने, सब कुछ ठीक तो है न।

अरुणा : हाँ जी, सब ठीक है, विनीत पिता बनने वाले हैं।

हरपाल : अरे वाह विनीत, भई बधाई हो। तुम्हें भी सन्ध्या!

विनीत : थैंक्यू यार!

सन्ध्या : थैंक्यू भाई साहब!

हरपाल : अरे विनीत, ऐसा करना, भाभी जी का पूरा खयाल रखना, और जरा अल्ट्रासाउंड करवा लेना। पता चल जाएगा कि बच्चा ठीक पल रहा है या नहीं।

अरुणा : क्या जी, आप भी बस... यहाँ भी शुरू हो गये। कुछ उनको भी तो करने दीजिए। और फिर अल्ट्रासाउंड करवाने की क्या जरूरत है जब डॉक्टर साहिबा ने कहा है कि बच्चा ठीक है, चिन्ता की कोई बात नहीं।

हरपाल : अरे नहीं अरुणा, मैं तो इसलिए कह रहा था कि...

अरुणा : (*बात काटते हुए...*) हाँ जी, मैं आपका इशारा बहुत अच्छी तरह समझती हूँ। मगर शायद आप यह भूल रहे हैं कि जन्म से पहले भ्रूण जाँच करवाना और उसके बाद गर्भपात द्वारा अजन्मे बच्चे की हत्या करना कानूनन जुर्म है, जिसके लिए सजा तक का प्रावधान है। इसके बावजूद भी आप उन्हें ऐसी सलाह दे रहे हैं।

हरपाल : अरे छोड़ो जी, हम अच्छी तरह से कानून जानते हैं, हमें मत सिखाओ। एक बात बताओ, क्या जो डॉक्टर अल्ट्रासाउंड करते हैं, उन्हें पता नहीं है कि ऐसा करना कानूनन जुर्म है, सब पता है। क्या जो कराते हैं, उन्हें पता नहीं कि ऐसा करना जुर्म है, पता है। और तुम क्या सोचती हो कि पुलिस को कुछ पता नहीं है। जो लोग ये सोचते हैं कि पुलिस को कुछ पता नहीं वे गलतफहमी में रहते हैं, क्योंकि पुलिस सब जानती है, मगर इस दुनिया में सब चलता है। आप मुझे जीने दो, मैं आपको जीने दूँगा, आप मेरे लिए करो, मैं आपके लिए करूँगा। यहाँ हर आदमी के ऊपर कोई न कोई हाथ है। हर आदमी के साथ मजबूरियाँ हैं। बस थोड़ी-सी साँठ-गाँठ करो और जो मर्जी करो। कोई आपको कुछ नहीं कहेगा। पुलिस हर गतिविधि से वाकिफ होती है, परन्तु मजबूरी के कारण बहुत कुछ अनदेखा करके छोड़ना ही पड़ता है।

सन्ध्या : ठीक है भाई साहब, देखा जाएगा। मुझे लगता है कि अब हमें चलना चाहिए।

दृश्य दो

[सब घर के लिए चल देते हैं। घर पहुँचकर विनीत की मम्मी, विनीत से बच्चे के बारे में पूछती है।]

माया देवी : अरे बेटा, हो आये अस्पताल, सब ठीक तो है न।

विनीत : हाँ, माँ, सब ठीक है।

माया देवी : क्या कहा डॉक्टर ने, बेटा है न।

विनीत : क्या माँ, अभी कैसे पता चलेगा कि बेटा है या बेटी। पहले बच्चा तो हो जाने दो।

माया देवी : तो क्या बेटा तुमने अल्ट्रासाउंड नहीं कराया?

विनीत : नहीं माँ, हमने अल्ट्रासाउंड नहीं कराया। हम तो केवल चैकअप कराने के लिए गये थे और उसके हिसाब से बच्चा ठीक है।

माया देवी : क्या बेटा, अल्ट्रासाउंड नहीं कराया, लेकिन क्यूँ नहीं कराया। मैं तो यहाँ बैठकर भगवान से प्रार्थना कर रही थी कि मेरा बेटा घर आकर मुझे मेरे पोते की खुशखबरी देगा और तू कहता है कि तूने अल्ट्रासाउंड नहीं कराया।

विनीत : हाँ माँ, आप दादी बनने वाली हो, ये क्या कम है।

माया देवी : हाँ बेटा, पर मुझे तो सबसे पहले इस घर का वारिस चाहिए।

विनीत : लेकिन माँ, क्या यह जरूरी है कि पहला बच्चा लड़का ही हो।

माया देवी : हाँ बेटा, बहुत जरूरी है, क्योंकि वही इस घर का चिराग होगा, इस घर का वारिस होगा, उसी से ही हमारा वंश चलेगा। इसलिए मैं तो कहती हूँ कि यदि अल्ट्रासाउंड नहीं कराया है तो करा लो, और यदि बेटा न हो तो गर्भपात करा दो।

विनीत : क्या माँ, आप भी कैसी बात कर रही हो। क्या एक बच्चे की खातिर हम दूसरे बच्चे की जान ले लें और वो भी तब जब वह इस दुनिया में आया ही नहीं है। नहीं माँ, मैं न तो ऐसा करूँगा और न किसी को करने दूँगा और फिर यदि लड़की पहले हो जाती है तो क्या फर्क पड़ता है। वैसे भी हमारे पास कौन-सी दस-बीस लड़कियाँ हैं।

माया देवी : नहीं बेटा, तुम्हें पता नहीं है। आजकल के माहौल में लड़कियों को पाल-पोसकर बड़ा करना कितना मुश्किल है। पैदा होते ही माँ-बाप को उसकी शादी की फिक्र लग जाती है। बड़ी होती है तो माँ-बाप की रातों की नींद उड़ जाती है। लड़की अगर जमाने के साथ न चले तो अच्छा घर मिलना मुश्किल होता है, और अगर जमाने के साथ चले तो लोग बातें बनाते हैं। न जाने क्या-क्या कहते हैं। आजकल की हवा ऐसी है कि क्या कहें।

विनीत : माँ, तुम भी कैसी बात कर रही हो। अभी तो लड़की पैदा भी नहीं हुई और तुम न जाने कहाँ की बातें बताने लगीं। क्या सब लड़कियाँ ऐसी ही होती हैं। घर का माहौल, संस्कार क्या कोई मायने नहीं रखते। नहीं माँ, अगर बच्चे को ढंग से शिक्षा दी जाए तो कोई ऐसा कारण नहीं कि घर पर कोई आँच आये। हमारी बहनों ने कभी भी हमें शिकायत का मौका नहीं दिया। हम लोग लड़कियों पर जरूरत से ज्यादा पाबंदियाँ लगाते हैं, इसीलिये वे स्वयं को पराया-सा महसूस करती हैं और ऐसा कर बैठती हैं कि हमें ऐसा लगता है। यदि हम लड़कियों को भी लड़कों के समान अधिकार और प्यार दें तो शायद हमें ऐसा दिन न देखना पड़े। और फिर क्या आप कभी लड़की नहीं थीं। क्या किरन

लड़की नहीं है। उसे तो आपने नहीं मारा।

माया देवी : क्यों वो तेरे बाद पैदा हुई थी।

विनीत : मगर आप तो अपने बहन-भाइयों में सबसे बड़ी हैं, फिर नाना-नानी जी ने आपको क्यों नहीं मारा।

माया देवी : क्योंकि उस समय ये अल्ट्रासाउंड नहीं था।

विनीत : नहीं माँ, ये बात नहीं है, बल्कि हकीकत ये है कि बच्चा कोई भी हो, माता-पिता के कलेजे का टुकड़ा होता है, उनके शरीर का हिस्सा होता है। उसको मारना तो बहुत दूर की बात है, माँ-बाप तो उसका दुख-दर्द ही नहीं देख सकते। आप क्यूँ भूल रही हैं, बचपन में जब किरन को बुखार हो गया था और कितने सारे डॉक्टरों को दिखाने के बावजूद भी जब वह ठीक नहीं हुई तो पिताजी ने मजाक में ही कह दिया था कि विनीत की माँ छोड़ो, ठीक नहीं हो रही है तो न सही, लड़की ही तो है, मर जाने दो। इस पर आपने पिताजी से एक महीने तक बात नहीं की।

माया देवी : (*झेंपते हुए.... मगर फिर सामान्य होते हुए....*) तू चुप कर, जैसा मैं कहती हूँ वैसा ही कर। अपनी ही नहीं, कभी बड़ों की भी बात मान लिया करते हैं।

[सन्ध्या विनीत को खाना खाने के लिए बुलाती है। खाना खाने के बाद दोनों बात कर रहे होते हैं।]

सन्ध्या : विनीत, ये आपके कैसे दोस्त हैं जो इस तरह की बात कर रहे थे। क्या पढ़े-लिखे और कामयाब इनसान ऐसे ही होते हैं। इससे तो अच्छे वो लोग होते हैं जो कम पढ़े-लिखे हैं। आपके दोस्त की तरह हाई सोसायटी से ताल्लुक रखनेवाले और अपने को उच्च तबके का कहनेवाले ये कामयाब इनसान तो उनसे भी गये गुजरे हैं।

विनीत : तुम्हारी बात ठीक है सन्ध्या, लेकिन हरपाल को भी कोई चोट लगी होगी, तभी वह ऐसा कह रहा है। वरना उसको क्या पड़ी।

सन्ध्या : जी नहीं, ये सब हमारे ज्यादा पढ़ने-लिखने, हाई सोसायटी में अपने आपको एडजस्ट करने और विज्ञान की खोज का नतीजा है। यदि हमने इस तरह की खोज न की होती, तो क्या आज आपके दोस्त इस तरह की बातें करते। हम किसी चीज का अनुसन्धान या उसकी खोज इसलिए करते हैं ताकि हमारा देश तरक्की करे, विकास करे, प्रगति के पथ पर आगे बढ़े और हमें उससे फायदा मिले, मगर हम उनका प्रयोग अपने निजी स्वार्थ के लिए करने लग जाते हैं। पता नहीं इस तरह की

अमानवीय सोच लेकर हम कहाँ जाएँगे.... कौन-सी प्रगति करेंगे।

विनीत : अरे छोड़ो सन्ध्या, अब जो होना था सो हो चुका। उनकी सोच उनके साथ है, हमें उससे क्या। हम तो ऐसा नहीं कर रहे हैं। हमारे घर में कौन-सा पहले से दो-चार लड़कियाँ मौजूद हैं जो हम इस तरह की बातें अपने मन में लाएँ। अगर हमारे पास से दो-चार लड़कियाँ होतीं, तो शायद हम इस बारे में सोचते भी। मगर जिस रास्ते जाना ही नहीं, उसको देखना क्या। हम शायद बेकार में ही इस प्रकार की बातें करके समय बरबाद कर रहे हैं।

सन्ध्या : जी नहीं, ये बातें बेकार की नहीं हैं। जहाँ तक दो-चार लड़कियों के बाद भ्रूण जाँच की बात है तो आप ये बताइये कि क्या दो बच्चे कम होते हैं। जब लड़के-लड़के के चक्कर में चार-छः लड़कियाँ पैदा हो जाती हैं तब भी आपको खयाल नहीं आता कि हम क्या कर रहे हैं।

विनीत : नहीं, सन्ध्या, हर आदमी को अपना वंश चलाने के लिए लड़के की जरूरत तो होती ही है। कम-से-कम घर का एक वारिस तो होना ही चाहिए।

सन्ध्या : ठीक है, लेकिन इसके लिए बेचारी औरत को ही बलि का बकरा क्यों बनाया जाता है। एक लड़के के लिए ज्यादा लड़कियाँ पैदा करना क्या औरत का कसूर है। यदि किसी बहू को बच्चा नहीं होता, तो कहा जाता है कि वह औरत बाँझ है। इसको छोड़ दो और दूसरी शादी कर लो। अगर कोई ज्यादा लड़कियाँ पैदा करती है तो कहते हैं कि ये बेटा पैदा नहीं कर सकती, इसको छोड़ दो और दूसरी शादी कर लो। एक औरत को छोड़ना तो जैसे हँसी-खेल है और दूसरी से शादी रचना तो और भी आसान। आप कहते हो वंश आगे बढ़ाने के लिए लड़के की आवश्यकता होती है। मैं मानती हूँ यह सही है, परन्तु यह भी सही है कि लड़कियों के बिना वंश आगे नहीं बढ़ते। यद्यपि वंश चलाने के लिए लड़कों को जिम्मेदार माना जाता है, परन्तु यह भी सही है कि वंश का सत्यानाश भी लड़के ही करते हैं, जबकि लड़कियों ने अवसर मिलने पर हमेशा माँ-बाप का मान बढ़ाया है। झाँसी की रानी, झलकारी बाई, इंदिरा गाँधी, मदर टेरेसा, पी.टी. ऊषा, मार्गेट थ्रेचर, श्रीमती भंडारनायके, रजिया सुल्तान, बेनजीर भुट्टो, तसलीमा नसरीन, लता मंगेशकर बताओ कितने नाम गिनाऊँ। अगर ये सब नहीं होतीं तो क्या आज इतिहास के पन्नों पर इनकी जगह मर्दों के नाम ही होते न... अवसर मिला तो देखिए।

विनीत : क्या सन्ध्या, तुम भी देवियों के नाम गिनाने में लग गयीं।

सन्ध्या : जी नहीं, ये देवियाँ नहीं, बल्कि ये तो वो शख्सियत हैं जिनका साक्षात् प्रमाण मिलता है। देवियों का जिक्र तो मैंने किया ही नहीं वरना दुर्गा, लक्ष्मी, पार्वती, सीता, अहल्या सब देवियाँ ही तो हैं।

विनीत : सन्ध्या, यार क्यों बातें करने लग गयीं।

सन्ध्या : अच्छा जी! आप भी! मर्दों की बुराई सुनना अच्छा नहीं लगता न!

विनीत : कैसी बात करती हो सन्ध्या, क्या मैं तुम्हें ऐसा लगता हूँ। क्या मैंने तुम्हें कभी ऐसा मौका दिया है कि मैं मर्दों को औरतों से ज्यादा अहमियत देता हूँ। मेरी नजर में तो दोनों एक-दूसरे के पूरक हैं। औरत का मर्द के बिना और मर्द का औरत के बिना जीवन सम्भव ही नहीं है। समझ लो दोनों शरीर के दो भाग हैं, जिसमें एक भाग दिल है और दूसरा धड़कन। यदि दिल नहीं है तो धड़कन नहीं है और यदि धड़कन न हो तो दिल बेकार। मैं इन सब बातों को नहीं मानता और फिर क्या सारे मर्द एक से होते हैं। किसी एक आदमी की नाराजगी, बेवकूफी, लालच या उपेक्षा से सारी मर्द जाति को तो बदनाम नहीं किया जाना चाहिए। तुम देख रही हो, हमारे घर में भी इस तरह की कोई बात नहीं है।

सन्ध्या : वो तो ठीक है, नहीं कहा। शायद आप जैसे कुछ लोगों की ही वजह से औरतों का अस्तित्व है वरना यदि आपके दोस्त की तरह सब सोचने लगें तो लड़कियों को तो कोई भी पैदा नहीं होने देगा। वैसे भी आपके दोस्त जैसे लोगों का ही किया-धरा है कि आज लड़कों के अनुपात में लड़कियों की संख्या कम होती जा रही है। इस असन्तुलन के वे ही लोग जिम्मेदार हैं। देख लीजिए, अगर ये असन्तुलन इसी तरह जारी रहा, तो वो दिन दूर नहीं जब लड़के कुँवारे ही रह जाएंगे, उनसे शादी करने के लिए लड़कियाँ बचेंगी ही नहीं।

विनीत : नहीं सन्ध्या, ऐसा नहीं होगा। इस प्रकार की विचारधारा के लोगों की संख्या ज्यादा है। पर मानवीयता अभी भी है, कई चीजें होती हैं जो इनसान के वश में नहीं होतीं। और अगर ऐसा नहीं होता तो कयामत बहुत पहले आ गयी होती। प्रकृति के साथ खिलवाड़ करना आसान नहीं होता। सबको एक न एक दिन इस बात का अहसास होता है, भले ही उसके लिए देर हो चुकी है, लेकिन फिर भी वह एक सबक होता है जो उस पीड़ित व्यक्ति के माध्यम से आगे आनेवाली पीढ़ियों के काम आता है।

सन्ध्या : खैर छोड़िए, माँ जी सें किस बात पर इतनी लम्बी बात हो रही थी।

विनीत : कुछ नहीं, बस चैकअप के बारे में पूछ रही थीं कि कोई चिन्ता की बात तो नहीं।

सन्ध्या : कहीं माँ जी के मन में भी लड़के की तमन्ना तो नहीं है।

विनीत : (*उदास होते हुए...*) नहीं, ऐसा कुछ नहीं है।

सन्ध्या : (*विनीत के चेहरे के भावों को समझते हुए...*) मुझे लगता है आप मुझसे कुछ छिपा रहे हैं। सच बताइये न क्या बात है। क्या कहा माँ जी ने।

विनीत : कुछ नहीं सन्ध्या, बस उनके मन में भी वही लालच है, जो हर दादा-दादी के मन में होता है कि पहले पोता हो जाए।

सन्ध्या : जी हाँ, पहले मुझे भी ऐसा ही लगता था कि माँ जी के मन में ऐसा ही कुछ है, परन्तु मैं समझती थी कि शायद मैं गलत हूँ। मगर एक बात सुनिए जी, इस तरह की ही बातों से सास-बहू में हमेशा मतभेद रहते हैं। सास अगर बहू को बहू के नजरिये से देखने के बजाय बेटी के नजरिये से देखे, तो किसी भी घर में सास-बहू के झगड़े न हों।

विनीत : नहीं सन्ध्या, ऐसा नहीं है जैसा तुम सोच रही हो। मैंने माँ को सब कुछ बता दिया है और यह भी कह दिया है कि हम लोग भ्रूण की जाँच नहीं करायेंगे। बच्चा जो भी हो, हमें मंजूर होगा, चाहे उसके लिए आप गुस्सा ही क्यों न करो। अच्छा तुम ये बताओ कि क्या तुम्हें अल्ट्रासाउंड कराना है।

सन्ध्या : अल्ट्रासाउंड तो मैं करवा लूँगी, लेकिन भ्रूण जाँच नहीं कराऊँगी और उसके लिए आप मुझ पर दबाव न डालें तो ज्यादा बेहतर होगा।

विनीत : कैसी बात करती हो सन्ध्या, मैं भला क्यों दबाव डालूँगा। बच्चा तो हम दोनों को ही चाहिए, फिर ऐसा कैसे हो सकता है कि मुझे लड़का चाहिए और तुम्हें लड़की। बच्चा जो भी हो हमें मंजूर है। मगर बच्चा ठीक है, कम-से-कम इस बात का पता करने के लिए तो अल्ट्रासाउंड करवा लेना चाहिए।

सन्ध्या : ठीक है जी। प्रकाश धीमा होता है।

दृश्य तीन

[कुछ दिन बाद विनीत और सन्ध्या अल्ट्रासाउंड कराने के लिये अस्पताल जाते हैं। संयोग से वहाँ हरपाल एवं उनकी पत्नी भी

मिल जाती है। अस्पताल से बाहर आने पर...]

हरपाल : हैलो विनीत, अरे वाह! क्या संयोग है। कैसे हो भई विनीत! आप कैसी हैं भाभी जी, सब ठीक है न। क्या चैकअप के लिए आयी हो।

सन्ध्या : हाँ जी, भाई साहब!

हरपाल : (*विनीत को एक तरफ ले जाकर....*) हाँ भाई विनीत, अल्ट्रासाउंड कराया कि नहीं।

विनीत : हाँ जी, कराया है।

हरपाल : सब ठीक है न। बेटा ही है न।

विनीत : हाँ जी, सब ठीक है।

[हरपाल विनीत को बधाई देकर और बच्चे के आगमन पर विनीत से दावत लेने की बात कह अपनी पत्नी के साथ घर के लिए चल देते हैं। विनीत भी उसको सहर्ष स्वीकार करता है और उनकी बात का समर्थन करता है। लगभग छः महीने बाद विनीत के घर एक बेटी का जन्म होता है। बच्ची देखने में बड़ी ही प्यारी, सुन्दर, गोरी और फूल की तरह कोमल थी। एक बार जिसकी भी नजर उस पर पड़ी, वो दोबारा उसको देखे बगैर नहीं रह सकता। घर में सब खुश हुए। विनीत और सन्ध्या भी बहुत खुश हुए। जब उसका नाम रखने की बारी आयी, तो सब बोले कि यह तो हमारे जीने की प्रेरणा है इसलिए इसका नाम प्रेरणा ही होना चाहिए और सबकी सहमति से बच्ची का नाम प्रेरणा रख दिया गया। कुछ दिन बाद विनीत ने बच्चे के जन्म की खुशी में एक पार्टी का आयोजन किया। सभी दोस्तों को बुलाया। हरपाल एवं उनकी पत्नी भी आयीं। पाटी के दौरान....]

हरपाल : अरे भई विनीत, ये सब क्या है, सुना है बेटी पैदा हुई है।

विनीत : हाँ, जी, हमारे घर में लक्ष्मी आयी है।

हरपाल : अरे छोड़ो यार, लक्ष्मी आयी है! लड़की पैदा हुई है, और तुम इस तरह से पैसा उड़ा रहे हो। लक्ष्मी आयी नहीं, कहो लक्ष्मी गयी।

विनीत : आपका नजरिया है भाई साहब, मेरे घर में तो लक्ष्मी आयी है और दूसरे लड़की होने पर पार्टी देना क्या गलत है।

हरपाल : मगर तुम तो उस दिन अस्पताल में कह रहे थे अल्ट्रासाउंड कराया है। मैंने पूछा बेटा है तो तुमने कहा था कि सब ठीक है।

विनीत : हाँ जी, तो क्या मैंने झूठ बोला था। अल्ट्रासाउंड कराया था, भ्रूण जाँच नहीं करायी।

हरपाल : क्या यार तुम भी कैसे इनसान हो? बैटी पैदा होने पर इतना खुश हो रहे हो।

विनीत : भाई साहब, बुरा मत मानना लेकिन बेटियों को घर में रखना, पाल-पोसकर बड़ा करना, उनको डोली में विदा करना हिम्मतवालों का काम होता है। और हाँ, एक सच्चाई यह भी है कि जिस घर में एक भी डोली नहीं निकलती, उस घर को शुभ नहीं माना जाता।

हरपाल : छोड़ो यार, तुम भी कहाँ पुरानी बातों को लेकर बैठ गये। अच्छा सुनो, मैं चलता हूँ, ये कुछ तोहफे हैं, गुड़िया को दे देना और हाँ, बधाई हो।

विनीत : ठीक है जी, मगर खाना खाकर जाइए।

[कुछ वर्षों पश्चात हरपाल और विनीत के बच्चे बड़े हो जाते हैं। विनीत की बेटी प्रेरणा जन्म से ही सुन्दर थी, संस्कारों ने उसे और सुन्दर बना दिया। सुन्दरता के ढाँचे में ढली प्रेरणा माता-पिता, दादा-दादी एवं परिवार के अन्य सदस्यों की आँख का तारा थी। यदि उसको कुछ हो जाता, तो पूरे परिवार की नींद उड़ जाती थी। सभी ने उसको बड़े लाड़-प्यार से पाला था। वक्त के साथ-साथ वह बड़ी भी हो गयी। उधर हरपाल एवं विनीत का भी एक-दूसरे के घर आना-जाना चलता रहा। हरपाल की पत्नी ने जब विनीत की बेटी को देखा तो देखती ही रह गयी। उसी क्षण उसे ख्याल आया कि क्यों न इस दोस्ती को रिश्तेदारी में बदल दिया जाए। उसने अपने मन की बात हरपाल को बताई। हरपाल ने पहले तो उसे टालना चाहा मगर उसके ज्यादा आग्रह करने पर उसने उसकी बात पर ध्यान दिया और विनीत से टेलीफोन पर बात की।]

हरपाल : अरे विनीत, कैसे हो भाई!

विनीत : ठीक हैं भाई साहब, आप सुनाइए, कैसे याद किया।

हरपाल : अरे कुछ नहीं यार, आज तुम्हारी याद आ गयी, सोचा कि तुमसे बात ही कर लूँ।

विनीत : वैसे एक बात है भाई साहब, पुलिसवाले कभी भी किसी से बिना बात के बात नहीं करते। (*हँसते हुए...*) अरे मैं तो मजाक कर रहा हूँ। सुनाओ कैसे याद किया।

हरपाल : अरे यार मन में एक बात है, तुम कहो तो बता दूँ।

विनीत : हाँ-हाँ, बताइए न।

हरपाल : बता तो दूँ लेकिन डरता हूँ कहीं तुम बुरा न मान जाओ।

विनीत : अच्छा बुरा तो बाद की बात है, पहले आप बताइए तो सही कि बात

क्या है?

हरपाल : वो तुम्हारी भाभी कह रही थी कि क्यों न हम अपनी दोस्ती को खत्म करके रिश्तेदार बन जाएँ। तुम्हारा क्या खयाल है।

विनीत : मैं आपकी बात समझा नहीं, खोलकर बताइए।

हरपाल : अरे भई, मेरे कहने का मतलब है कि हम लोग दोस्त तो थे, अब रिश्तेदार बन जाएँ तो कैसा रहेगा। मैं अपने बेटे के लिए तुम्हारी बेटी का हाथ माँगता हूँ। कहो मंजूर है।

विनीत : अरे भाई साहब, आप कैसी बात कर रहे हैं। ये बात तो मैंने सोची ही नहीं। मेरी बेटी इतनी बड़ी हो गयी है और मेरे घर रिश्ता भी खुद चलकर आ रहा है, इससे अच्छी बात और भला क्या हो सकती है। मगर हाँ, इन सब बातों के लिए टेलीफोन ठीक नहीं है। घर आ जाइए, वहीं बैठकर इत्मीनान से बातें करेंगे। और फिर कम-से-कम परिवार के अन्य सदस्यों को भी तो मालूम होना चाहिए कि हम रिश्तेदार बनने जा रहे हैं।

हरपाल : ठीक है, अगले सप्ताह घर पर मिलते हैं।

विनीत : ठीक है। (*प्रकाश धीमा होता है*)

दृश्य चार

[रविवार का दिन है। हरपाल एवं उसकी पत्नी विनीत की बेटी प्रेरणा तथा अपने बेटे संजू की शादी का प्रस्ताव लेकर विनीत के घर जाते हैं। विनीत के परिवार के सभी सदस्य वहाँ मौजूद हैं। हरपाल शादी की बात शुरू करते हैं।]

हरपाल : हाँ भाई विनीत, बोलो अपने परिवारवालों से पूछ लिया।

विनीत : हाँ जी, पूछ तो लिया मगर....

हरपाल : मगर क्या....

सन्ध्या : (*बीच में बात काटते हुए....*) सॉरी विनीत, भाई साहब हमें आपका प्रस्ताव मंजूर नहीं है।

हरपाल : क्यों भाभीजी, ऐसी क्या खराबी है हमारे संजू में। पढ़ा-लिखा है, इंजीनियर है, और देखने में भी बुरा नहीं है।

सन्ध्या : बात आपके बच्चे की नहीं है, आपके घर की है। मुझे आपके घर में अपनी बेटी नहीं देनी। मुझे अपनी बेटी की शादी ऐसे घर में नहीं

करनी, जहाँ लड़कियों से नफरत की जाती हो, जहाँ बेटी को बोझ समझा जाता हो। सॉरी भाई साहब, ये रिश्ता नहीं हो सकता।

हरपाल : भाभी जी, ये आप कैसी बातें कर रही हैं, ऐसा कैसे हो सकता है। और कौन करता है नफरत लड़कियों से?

सन्ध्या : आप, जी हाँ आप करते हैं नफरत लड़कियों से। मुझे आज भी वो दिन याद है, जब मैं पहली बार आपसे अस्पताल में मिली थी। आपने विनीत को कहा था कि अल्ट्रासाउंड कराकर चैक करा लो कि गर्भ में पल रहा बच्चा बेटा ही है, नहीं तो गर्भपात करा देना। आप जैसे इनसान की मानसिकता इतनी क्षीण होगी, मैंने कभी नहीं सोचा था। एक बात बताइए, यदि उस दिन विनीत जी ने आपकी बात मान ली होती, तो क्या आज आप ये रिश्ता लेकर मेरे घर आते, नहीं....। एक बात और। क्या आपकी तरह हर इनसान इस बात को मन में रख ले कि हमारे घर में बेटा ही पैदा होगा, चाहे उसके लिए हमें गर्भ में पल रही कितनी लड़कियों की जान क्यों न लेनी पड़े, तो आप बताइए, फिर आप अपने बेटे की शादी किससे करेंगे, क्योंकि लड़कियाँ तो इस संसार में होंगी ही नहीं। क्या लड़कों की शादी गाय, भैंस, भेड़ या बकरी से की जाएगी या फिर लड़कों की शादी लड़कों से ही की जाएगी।

विनीत : बस करो सन्ध्या!

सन्ध्या : आप चुप रहिए जी!

हरपाल : (*पश्चात्ताप करते हुए...*) नहीं विनीत, भाभी को बोलने दो। आप ठीक कह रही हैं भाभी! मैं इतना स्वार्थी हो गया था कि अपने लालच के चक्कर में मैं ये तक भूल गया कि जो काम करने जा रहा हूँ वो प्रकृति के विरुद्ध है, पाप है। मैं ये भी भूल गया था कि इससे स्त्री-पुरुष का सन्तुलन बिगड़ जाएगा। लेकिन मैं आपका आभारी रहूँगा कि आज आपने मेरी आँखें खोल दीं। सच मानिए भाभी, मैं आपको वचन देता हूँ कि आपकी बेटी को अपनी बेटी बनाकर रखूँगा। मैं अपने स्वार्थ के चक्कर में यह भूल गया कि हमें घर का वारिस भी तो लड़कियाँ ही देती हैं। सच है, मैं भी औरों की तरह....(*हरपाल रुआँसा हो जाता है।*)

सन्ध्या : आप कह तो रहे हैं, लेकिन विश्वास करना मुश्किल है।

विनीत : नहीं सन्ध्या, तुम्हें विश्वास करना पड़ेगा। वैसे भी हम इतने दिनों से एक-दूसरे को जानते हैं।

सन्ध्या : लेकिन....

विनीत : (*बीच में बात काटते हुए....*) छोड़ो सन्ध्या, पहले से ही ये कितने शर्मिन्दा हैं, और मैं इनको अच्छी तरह से जानता हूँ। तुम भी मान

जाओ। जैसा तुम चाहती हो, वैसा ही होगा।

हरपाल : प्लीज भाभी जी, हाँ कह दो और इस दोस्ती को रिश्तेदारी में बदल दो।

अरुणा : हाँ सन्ध्या, मान भी जाओ, प्लीज!

सन्ध्या : लेकिन दीदी....

हरपाल : नहीं भाभी, मुझे और शर्मिन्दा मत करो।

[प्रकाश धीमा होने लगता है और सूत्रधार की नेपथ्य से ध्वनि आती है।]

[अन्ततः सब सहमत हो जाते हैं और रिश्ता पक्का कर दिया जाता है। विनीत के पिताजी सन्ध्या को समझाते हैं कि यदि सुबह का भूला शाम को घर वापिस आ जाए तो उसे भूला नहीं कहते। गलतियाँ तो सभी से होती हैं, लेकिन माफ करने का भी दिल रखना चाहिए। चलो इस रिश्ते पर अपनी सहमति की मुहर लगाओ और सबका मुँह मीठा कराओ। सन्ध्या पिताजी कीर बात मान लेती है परन्तु अपने मन में उठ रही उथल-पुथल को नहीं रोक पाती है और यही सोचकर कि जो आदमी लड़कियों से इतनी नफरत करता हो, वो मेरे कलेजे के टुकड़े को कैसे रखेगा, क्योंकि उसकी बेटी संजू से कई मायनों में इक्कीस थी, इसी वजह से उसने हरपाल से एक एग्रीमेंट पर साइन कराया जिसमें लिखा था कि यदि अब उन्होंने लड़कियों के प्रति हीन भावना रखी, लड़के-लड़कियों में फर्क किया या उसकी बेटी को कोई दुख पहुँचाया तो उसे कठोर-से-कठोर सजा दी जाए। फिर दोनों बच्चों की शादी कर दी जाती है। एक वर्ष बाद हरपाल के घर में एक पोती का जन्म होता है, जिसे देखकर हरपाल व उसके घरवाले बहुत खुश होते हैं और इसी खुशी में एक पार्टी का आयोजन करते हैं। पार्टी में ही हरपाल सबको बताते हैं कि लड़का-लड़की कुछ नहीं होता, सब बच्चे बराबर होते हैं। सब माता-पिता के कलेजे के टुकड़े होते हैं। सब हमारे स्वार्थ हैं, हमारे दिमाग की गन्दी सोच है कि हम लड़की पैदा होने को बुरा मानते हैं। वास्तव में स्त्री के बिना तो सृष्टि भी नहीं चल सकती। इसलिए मेरा सबसे अनुरोध है कि लड़की और लड़के में फर्क मत करिए। जिस घर में लड़की नहीं होती वह घर, घर नहीं होता, जहाँ तक घर के वारिस की बात है वारिस तो दोनों हैं।]

□□